Königs Erläuterungen und Materialien
Band 314/315/a

Erläuterungen zu

E.T.A. Hoffmann

Ritter Gluck
Der goldne Topf
Das Fräulein von Scuderi

von Hans Ulrich Lindken

C. Bange Verlag – Hollfeld

Herausgegeben von Klaus Bahners, Gerd Eversberg
und Reiner Poppe

4. neubearbeitete Auflage 1989
ISBN 3-8044-0332-8

Druck: Beyer-Druck, Langgasse 23, Hollfeld

INHALTSÜBERSICHT:

EINLEITUNG

Die drei im vorliegenden Band betrachteten Erzählungen Hoffmanns entstanden in einem Zeitraum von 10 Jahren (1808-1818; Ritter Gluck 1808/09 Bamberg, Der goldne Topf 1813/14 Dresden/Leipzig, Das Fräulein von Scuderi 1818 Berlin). Die beiden erstgenannten Erzählungen sind in die Novellensammlung „Fantasiestücke in Callots Manier. Blätter aus dem Tagebuche eines reisenden Enthusiasten" aufgenommen worden, nachdem der „Gluck" zuvor bereits in der damals berühmtesten deutschen Musikzeitschrift „Allgemeine Musikalische Zeitung" (Verlag: Breitkopf u. Härtel, Leipzig) erschienen war. „Das Fräulein von Scuderi" erschien als Erzählung in dem bekannten an Ludwig Tiecks „Phantasus" orientierten Novellenzyklus „Die Serapions-Brüder".

Historisch betrachtet liegt die Entstehungszeit der drei Erzählungen in einer bewegt-verworrenen Epoche des preußischen Staates. Der Zusammenbruch Preußens infolge der Siege Napoleons im Jahre 1806/07 brachte es mit sich, daß Hoffmann seine juristische Laufbahn unterbrechen mußte, da die „Südpreußische Regierung" 1806 in Warschau durch die Franzosen aufgelöst wurde. Hoffmann suchte, stellenlos geworden, nun nach einer Verdienstmöglichkeit im künstlerischen Bereich, zunächst und in erster Linie als Musiker. Im Jahre 1808 wird Hoffmann als Musikdirektor nach Bamberg berufen. In diese Zeit fällt die Entstehung der Musiknovelle „Ritter Gluck", in der Berliner Reminiszenzen Hoffmanns sich widerspiegeln. Ein Blick auf des Dichters Lebenschronologie verdeutlicht, daß der Untertitel der Novelle: „Eine Erinnerung aus dem Jahre 1809" autobiographisch nicht gerechtfertigt ist, da Hoffmann sich im erwähnten Jahr in Bamberg aufhielt. Die Berliner Reminiszenzen lassen sich jedoch anhand der Aufführungsdaten Gluckscher Opern in Berlin und an anderen Details unschwer unter den Daten der Jahre 1807 und 1808 lokalisieren. Sehr bald jedoch wird das Bamberger Theater geschlossen und Hoffmann muß sich als Musikkritiker und Musikschriftsteller sein Geld verdienen.

Im Jahr 1813 kann er mit dem Leipziger Operndirektor Seconda einen Vertrag schließen, der ihm ein Leben als Musikdirektor in Leipzig zu garantieren scheint.

Nach Napoleons Debakel in Rußland (1812) haben sich die Staaten Rußland, England, Österreich und Preußen gegen Napoleon zu einer Koalition zusammengeschlossen. Hoffmanns Aufbruch nach Sachsen fällt exakt in die im sächsischen Raum entbrannten Kämpfe Napoleons gegen die Koalition. Dresden wird bombardiert, am 26./27. August wird Fürst Schwarzenberg mit der Hauptarmee der Aliierten von Napoleon bei Dresden geschlagen. Im Oktober 1813 ist die Völkerschlacht bei Leipzig. In diese Wirren gerät Hoffmann unmittelbar hinein und wird Zeuge der blutigen Auseinandersetzungen. Am 26. Februar 1814 wird Hoffmann aufgrund privater Mißhelligkeiten mit Seconda von diesem gekündigt, das bedeutet nach dem fränkischen das Ende des sächsischen Intermezzos Hoffmanns als beruflicher Künstler. Dies ist die Zeit, in der Hoffmanns Märchen „Der goldne Topf“ entsteht.

Mit Hilfe seines Jugendfreundes Theodor Gottlieb von Hippel (1775 bis 1843), der inzwischen zum Staatsrat beim preußischen Staatsminister Fürst von Hardenberg avanciert hat (Hippel hatte auch den berühmten Aufruf „An mein Volk“ verfaßt, den König Friedrich Wilhelm III. am 17. März 1813 von Breslau proklamiert hatte), konnte Hoffmann den juristischen Dienst am Kammergericht in Berlin (1814) wieder aufnehmen, um von nun an bis zu seinem Tode amtlich als Jurist tätig zu sein.

Die Konzeption der Novelle „Das Fräulein von Scuderi“ fällt dann bereits in die Restaurationszeit nach dem Wiener Kongreß (1814/15) und dem Wartburgfest von 1817, die dem preußischen Staat die berüchtigten Demagogenverfolgungen brachte, in die Hoffmann als Mitglied der Immediat-Untersuchungskommission politisch und künstlerisch in unheilvoller Weise hineingezogen worden ist.

Die Hoffmann-Forschung, und nicht nur diejenige älterer Provenienz, hat Hoffmanns Werk gelegentlich als Fundgrube für biographische Details angesehen. Gegen solchen mißbräuchlichen und ungerechtfertigten Biographismus wendet sich Wulf Segebrecht in seinem verdienstvollen Buch „Autobiographie und Dichtung" (1967). Wenn man behutsam genug verfährt, so lassen sich solch autobiographische Details beobachten, ohne in den von Segebrecht gerügten Biographismus zu verfallen. Auch die vorliegenden Arbeiten lassen solche autobiographischen Signale erkennen, am wenigsten freilich die Erzählung „Das Fräulein von Scuderi". Wir wiesen bereits darauf hin, daß in den „Ritter Gluck", wie Hoffmann selber nahelegt, Berliner Reminiszenzen eingegangen sind, vor allem Hinweise auf den durchaus kleinstädtisch anmutenden Kunstbetrieb der preußischen Hauptstadt sowie auf dubiose Aufführungspraktiken des Musikdirektors des Königlichen Nationaltheaters, Bernhard Anselm Weber.

Es muß nicht eigens betont werden, daß eine Reihe Dresdener Impressionen Hoffmanns in den „Goldnen Topf" Eingang gefunden hat, dem Hoffmann deutlich genug in der 2. Auflage den Untertitel „Ein Märchen aus der neuen Zeit" hinzugefügt hat.

Wie auch im „Ritter Gluck" und im „Fräulein von Scuderi" dominiert im Märchen als Schauplatz die Großstadt, völlig abweichend von der Manier der sog. „Romantiker": Berlin, Dresden, Paris. Das Neue und Interessante ist, daß die Städte hier topographisch genau erscheinen, und nicht nur atmosphärisch und ganz allgemein als Staffage. Eine Untersuchung zur Stadtauffassung und zur Gestaltung der Stadt bei Hoffmann steht noch aus.

Zum Paris des 17. und 18. Jahrhunderts hat der Dichter, da er die Stadt nicht aus eigener Anschauung kannte, nachweislich intensives Quellenstudium getrieben.[1)]

---

1) Vgl. Hoffmanns Brief vom 28. 3. 1818, s. Anm. 60

Winfried Freund in seiner Broschüre „Die deutsche Kriminalnovelle von Schiller bis Hauptmann“ (1975) läßt sich bei der Betrachtung der Hoffmannschen Novelle „Das Fräulein von Scuderi“ vom Zwang seines sozialgeschichtlichen Aspektes zu eklatanten Fehldeutungen hinreißen, indem er Hoffmann die Handlung der Novelle „in das Ursprungsland und Zentrum absolutistischer Macht, in das Frankreich Ludwig des XIV.“ verlegen läßt, obgleich bereits Hoffmanns Quelle: „Wagenseils Nürnberger Chronik“ das Geschehen im Paris des Sonnenkönigs ablaufen läßt! Hoffmann hatte keineswegs die Absicht, preußische Verhältnisse im Pariser Tarnmantel zu schildern, das wäre des Biographismus freilich zu viel.

Alle drei Erzählungen setzen ein neues literarisches Genre: „Ritter Gluck“ begründet die deutsche Musiknovelle, die Züge des Feuilletonistischen und der Musikrezension trägt, „Der goldne Topf“ die Art der Kunstmärchen, in denen Real-Topographisches sich mit Irreal-Topographischem kreuzt (Dresden und Atlantis), in dem das Phantastische real und das Reale grotesk erscheint. Mit dem „Fräulein von Scuderi“ beginnt die deutsche Kriminalgeschichte (vgl. vor allem die Forschungen von Alewyn, Kanzog, Schönhaar und Post). Vom Biographischen gesehen, könnte man bei den drei Geschichten so verfahren, daß man behaupte, in der einen Erzählung kommt der Maler-Musiker (Callot-Gluck), in der anderen der phantastisch-groteske Erzähler und Fabulierer im Stile seines Einsiedlers Serapion, in der dritten der Jurist zu Wort.

Die Quellenlage ist, was das Werk Hoffmanns anbetrifft, trotz des legeren Umgangs des Dichters mit seinen Manuskripten und des nur sehr geringen noch verfügbaren Autographenstandes, günstig; dies ist das Verdienst der verhältnismäßig früh einsetzenden Hoffmann-Philologie (Ellinger, von Müller, Schnapp).

Wir sind in der Lage, den Materialanteil relativ reich zu gestalten, so daß Unterrichtenden wie Schülern einige Einblicke in den Produktionsprozeß Hoffmanns geboten werden können, zugleich aber auch in die wichtigen unter ökonomischen Zwängen sich vollziehenden Verhandlungen des Autors mit seinem Verleger und Herausgebermanipulationen an Texten Hoffmanns.

Als Textvorlagen wurden für diesen Band die Reclamausgaben des „Goldnen Topfes“ und des „Fräulein von Scuderi“ benutzt (UB 101/02 u. UB 25) Zum „Ritter Gluck“ wurde die vom Verfasser herausgegebene Schulausgabe „Novelle“ innerhalb der Reihe „Textbücher Deutsch“ des Verlags Herder (Freiburg), 1978, benutzt.

Neben reichhaltigem Dokumentationsmaterial wurden Ausschnitte aus Hoffmanns Rezension der Gluck-Oper „Iphigenie in Aulis“ aufgenommen, um die Nähe der Novelle zu Hoffmannschen Rezensionen zu verdeutlichen.

Aus der unübersehbaren Menge der wissenschaftlichen Literatur haben wir lediglich Stimmen der neueren Forschung zu Wort kommen lassen, um Unterrichtenden wie Schülern Anregungen zur Weiterarbeit und zur Diskussion in Kursen der Sekundarstufe II zu bieten.

Ritter Gluck

ENTSTEHUNGS- UND WIRKUNGSGESCHICHTE

Daten zur Entstehungsgeschichte:

Der erste authentische Hinweis auf die Erzählung „Ritter Gluck" findet sich in Hoffmanns **„Tagebüchern"** unter dem **11. 1. 1809:** „An den HofRath Rochlitz[2] nach Leipzig geschrieben und ihm den ‚Ritter Gluk' für die ‚Mus(ikalische) Zeitung' geschickt und mich zum Mitarbeiter angeboten! –"[3].

Erwähnte Stelle im **Brief an Rochlitz,** der vom **12. 1. 1809** datiert ist und das Manuskript der Erzählung „Ritter Gluck" enthielt, lautet wie folgt: „Ich wage es einen kleinen Aufsatz, dem eine wirkliche Begebenheit in Berlin zum Grunde liegt, mit der Anfrage beyzulegen, ob er wohl in der Musik(alischen) Zeitung aufgenommen werden könnte? Aehnliche Sachen habe ich ehmals in oben erwähnter Zeitung wirklich gefunden zB. die höchst interressanten Nachrichten von einem Wahnsinnigen, der auf eine wunderbare Art auf dem Clavier zu fantasiren pflegte[4]. – Vielleicht könnte ich mit der Redaktion der Mus(ikalischen) Zeitung in nähere Verbindung treten und zuweilen Aufsätze und auch Rezensionen kleinerer Werke einliefern. Ew. WohlGebohren würden mich ganz außerordentlich verbinden, wenn Sie die Güte hätten Sich dafür zu interessiren und mich mit den Bedingungen unter denen es geschehen könnte, bekannt machten. – Die Tendenz des beygelegten Aufsatzes werden Ew. WohlGeb. gewiß nicht verkennen. –[5]

---

[2] Friedrich Rochlitz (1769-1842), Schriftsteller, Übersetzer, Redakteur der Allgemeinen Musikalischen Zeitung (1798-1818) in Leipzig. Sachsen Weimarischer Hofrat

[3] E.T.A.Hoffmann: Tagebücher, München 1971 (im folgenden zit. als „Tagebücher"), S. 81

[4] Anspielung auf eine psychiatrische Studie von Rochlitz: „Der Besuch im Irrenhause", die im 6. Jg. der AMZ (1804) erschienen war

[5] E. T. A. Hoffmann: Briefwechsel, I. Bd. München 1967 (im folgenden zitiert als „Briefwechsel") S. 261

Am **25. 1. 1809** notierte Hoffmann in sein **Tagebuch:** „Einen sehr angenehmen Brief von Rochlitz aus Leipz(ig). Er nimt den ‚Ritter Gluck' zum Einrücken, und mich zum Mitarbeiter an der ‚Mus(ikalischen) Zeit(ung)' an."[6)]

Unter dem **29. 1. 1809** schreibt Hoffmann von Bamberg aus an **Rochlitz** in Leipzig: „ ... Die Bedingungen unter welchen Sie mich zum MitArbeiter an der Musik(alischen) Zeitung zulassen wollen sind, wie ich sie mir dachte, ganz der Sache angemessen und mir sehr angenehm. ... Was Aufsätze anderer Art betrifft, so werde ich mir dann und wann eine kleine Anfrage über einen von mir gewählten Gegenstand erlauben, übrigens aber gewiß nie irgend einen kleinen Unmuth hegen, wenn die Redaktion etwas von mir nicht in die Zeitung aufnehmen sollte. Ich bemerke indessen, daß etwa einzelne anstößige Sätze die Aufnahme des Ganzen nicht verhindern sollen, denn diese bitte ich ohne weiteres wegzustreichen; überhaupt werde ich es mit Dank erkennen wenn Sie, VerEhrungswürdiger Herr HofRath! Sich meiner Aufsätze annehmen, und was zu breit gerathen, abkürzen wollen, wie Sie es schon jetzt mit dem Ritter Gluck thun werden, denn mein Manuskript kann dadurch nur gewinnen. Von jeder schriftstellerischen Eitelkeit bin ich weit entfernt und auch geneigt, von jedem Künstler das beste zu glauben so bald nicht das Gegentheil deutlich constirt; zu dem gerügten Ausfall gegen W(eber) konte mich daher auch nur der tiefe Aerger aufregen, den ich in B(erlin) empfand wenn ich die hohen Meisterwerke Mozarts erst auf dem Theater mißhandeln sah' und denn darüber so gemein aburtheilen hörte als wären es Exercitia eines Anfängers.–"[7)]

Hoffmanns **Tagebuch** verzeichnet unter dem **13. 3. 1809:** „Den ‚Ritter Gluck' gedruckt gelesen! – es ist sonderbar, daß sich die Sachen gedruckt anders ausnehmen als geschrieben."[8)]

---

6) Tagebücher, S. 83
7) Briefwechsel I, S. 263/64
8) Tagebücher, S. 89/90

Die Erzählung war in der **Allgemeinen Musikalischen Zeitung** vom **15. Februar 1809** erschienen, allerdings nicht vollkommen gemäß dem Originalmanuskript, sondern unter Änderungen (Einschüben und Auslassungen) Rochlitzens. Das Originalmanuskript erhielt Hoffmann nicht zurück, es ging verloren. Hoffmann selbst mußte die Erzählung, da er kein Doppel besaß, alles mußte damals mit der Hand kopiert werden, später für sich aus der AMZ abschreiben, mit den Veränderungen Rochlitzens, da er seine Originalversion inzwischen vergessen hatte.

Am **15. 4. 1809** ist in einem Brief, den Hoffmann an die **Redaktion der Allgemeinen Musikalischen Zeitung** (Breitkopf & Härtel) in Leipzig geschrieben hat, zu lesen:

„... Mit dem was an dem Ritter Gluck geschehen ist, bin ich sehr wohl zufrieden, nur habe ich den alten Italiäner mit dem gekrümten Finger so wie die Berliner Egoisten nicht ganz gern vermißt, wiewohl ich mich gern bescheide, daß die Züge des Gemähldes etwas zu grell aufgefaßt seyn mochten.[9] Dagegen haben mich der zugesetzte geschlossene Handelsstaat und die bösen Groschen recht sehr erfreut –".[10]

In einem sehr langen und ausführlichen Schreiben aus Bamberg vom **25. 5.1809** an seinen Freund **Hitzig**[11] in Berlin ist u. a. folgendes zu lesen: „... Was nun meine artistisch literarische Laufbahn betrifft, so ist darin ein nicht unbedeutender Schritt dadurch geschehen, daß ich von der Redaktion der Musik(alischen) Zeitung in Leipzig als MitArbeiter feyerlich auf und angenommen worden bin, welches übrigens natürlicherweise ganz unter uns bleibt. Sie können mein Debut in No 20 (ni fallor)[12] Februar sub titulo Ritter Gluck lesen; ein

---

[9] Bernhard Anselms Webers Mozart-Verunstaltungen und sonstige Nachlässigkeiten werden auch im von Rochitz gereinigten Text von Hoffmann noch kritisiert

[10] Briefwechsel I, S.279/80

[11] Julius Eduard Hitzig (urspr. Isaak Elias Itzig), Kriminalrat, Direktor des Inquisitoriates beim Berliner Kammergericht. Kollege, Freund und Biograph Hoffmanns

[12] ni fallor (lat.): wenn ich nicht irre

Aufsatz der Ihnen in mancher Hinsicht merkwürdig seyn wird, dem Sie es aber auch anmerken werden, daß R(ochlitz) hin und wieder nach seiner Art gefeilt hat, welches ich geschehen lassen mußte, unerachtet es mir nicht lieb war."[13)]

Am **12. 7. 1810** wendet sich Hoffmann mit folgender Bitte an den Verlag **Breitkopf & Härtel:**

„... Sollte es möglich seyn das Stück der Mus(ikalischen) Zeit(ung) Februar 1809 no 20 zu erhalten, in welchem der Aufsatz: Ritter Gluck, abgedruckt ist, so würden mich Ew. WohlGebohren durch Zusendung desselben ganz außerordentlich verbinden, da mir sehr viel daran liegt diesen Aufsatz, den ich nicht mehr im Manuskript besitze zu haben."[14)]

Aus den Dokumenten, wie sie bisher aufgeführt worden sind, ergibt sich, daß die Erzählung (Hoffmann spricht im understatement von „Aufsatz") „Ritter Gluck" neben der oft gewürdigten großartigen musikalischen Erzählung, die in die Weltliteratur eingegangen ist, zugleich eine scharfe Satire auf das sterile Berliner Musikleben um 1807/08 bedeutet, deren Text sogar stillschweigender Zensur des vorsichtigen Herausgebers und Redaktors der Musikalischen Zeitung bedurfte, um nicht das Mißfallen der preußischen Verwaltung heraufzubeschwören. Hoffmann war keineswegs mit dieser Zensurierung einverstanden, mußte freilich wegen seiner mißlichen Finanzlage widerspruchslos zustimmen. Es ist bedauerlich, daß der Originaltext nicht überliefert ist, sondern nur der von Rochlitz redigierte. Leider ist auch nicht, außer den im Brief erwähnten Stellen, genau zu eruieren, welche Stellen von Rochlitz verändert worden sind.

Hoffmanns Erzählung „Ritter Gluck" gibt ein gutes Beispiel publikations- und rezeptionsorientierter Verlegermanipulationen.

[13)] Briefwechsel I, S. 285

[14)] desgl., S. 316

Am **18. 3. 1813** schlossen Hoffmann und der Weinhändler und Verleger (Buchhändler) Carl Friedrich Kunz aus Bamberg einen **Verlagsvertrag** über die Redaktion der „Fantasiestücke" in Callot's Manier. Blätter aus dem Tagebuche eines reisenden Enthusiasten. Mit einer Vorrede von Jean Paul (zwei Bände) (später auf vier Bände erweitert) ab. Die beiden Bände erschienen unter dem Verlagssignum: Bamberg, 1814. Neues Leseinstitut von C. F. Kunz. Nach erwähnter Vorrede von Jean Paul folgt als Stück I ein Essay: „Jaques Callot" und als Stück II der Sammlung die Erzählung „Ritter Gluck". Die Bezeichnung „Stück" (Fantasiestück, Nachtstück) meint im Sinne der Zeit: Zeichnung, Stich, Gemälde.

Am **29. 4. 1813** schreibt Hoffmann von Dresden aus an seinen **Verleger Kunz** in Bamberg: „ ... Meinen Freund Morgenroth habe ich schon gefunden und er wird mir den Gluk[15] verschaffen, den ich dann gleich dem Bülletin beylege–"[16]

Unter dem **29. 4. 1813** notiert Hoffmann in sein **Tagebuch**: „Den ‚Gluck' angefangen abzuschreiben."[17]

Am **10. 5. 1813** schreibt Hoffmann aus Dresden an **Kunz:** „... (es) folgt die Abschrift des Ritter Gluck anbey."[18]

Aus Hoffmanns **Tagebuch** geht hervor, daß er am **15. 7. 1813** die ersten Druckbogen (2/3 des Textes) des „Ritter Gluck" erhalten habe.[19]

Am **25. 7. 1813** trafen laut **Tagebuch** die restlichen Druckbogen ein.[20] In einem Brief an **Kunz** vom **28. 7. 1813** aus Dresden gibt Hoffmann eine erste Einteilung seiner Erzählungen für die beiden zunächst geplanten Bände „Fantasiestücke": „Tom. I. Callott, Gluk, Kreisler, Don Juan/II. Berganza, Magnetiseur."[21]

---

15) den Abdruck in der AMZ vom 15. 2. 1809
16) Briefwechsel I, S. 379
17) Tagebücher, S. 202
18) Briefwechsel I, S. 383
19) Tagebücher, S. 216
20) desgl., S.217
21) Briefwechsel I, S. 402/03

Kunz berichtet in zwei Briefen über die Erfahrungen, die er in Unterredungen in Bayreuth mit dem Dichter Jean Paul gemacht hatte, der für eine Vorrede zu Hoffmanns „Fantasiestücken" gewonnen werden sollte. Beide Male (Brief vom **1. 9. 1813** [Eingangsdatum]) äußerte sich Jean Paul lobend zu Hoffmanns Arbeiten (später hat Paul sich dann abfällig zu Hoffmanns Arbeiten geäußert), im Brief vom **30. 8. 1813** (Absendedatum) teilt **Kunz** Hoffmann die Zweifel **Jean Pauls** zum Titel der beiden Bände mit, da dieser der Meinung sei, die Texte: Gluck, Kreisler, Don Juan, Berganza haben mit Callot kaum etwas gemein. Hoffmann und Kunz beharren auf dem ursprünglichen Titel.

Daten zur Wirkungsgeschichte:

Das zeitgenössische literarische und öffentliche Echo auf Hoffmanns „Fantasiestücke" war allgemein und beachtenswert. Die Erzählung „Ritter Gluck" hingegen als Einzelstück in der Allgemeinen Musikalischen Zeitung hatte kaum ein Echo hervorgerufen; erst als sie, aufgenommen in die Sammlung der „Fantasiestücke", weiteren Leserkreisen zugänglich wurde, setzten Rezensionen und Besprechungen der Erzählung ein. Im Rahmen der Sammelrezensionen (Fantasiestücke) nimmt die kurze musikalische Novellette einen untergeordneten Rang ein, gelegentlich wird sie völlig übergangen. Den hohen literarischen Rang der Novellette hat man erst sehr viel später erkannt, wenngleich gelegentlich bereits Zeitgenossen wenigstens andeutungsweise darauf hingewiesen haben. **Friedrich Gottlob Wetzel**[22] verfaßte (vermutlich) die **Verlagsanzeige** für das Leseinstitut von C. F. Kunz in Bamberg, März/April 1814, also unmittelbar nach Erscheinen des ersten und zweiten Bandes der „Fantasiestücke" in der **Leipziger Literatur-Zeitung für das Jahr 1814.** „Fantasiestücke in Callots Manier. Blätter aus dem Tagebuche eines reisenden Enthusiasten. Mit einer Vorrede von Jean Paul Friedr. Richter." Zwei Bände. 8. 3. Thlr. oder 5 Fl. 24 Kr.:

„Warf der Sonnengott (wie unser herrlicher Jean Paul in der Vorrede zu diesem von ihm mit Begeisterung ins Publicum eingeführten Werke sagt) die Dicht- und Tongabe zugleich nur wenigen Sterblichen zu, so ist unser Verfasser gewiß dieser Auserwählten Einer; ja es möchten sich in seiner überreichen Natur noch mehrere Geistesgaben vereinigen, wie denn z. B. ‚der Magnetiseur', der das Buch beschließt, auch von der höchsten Weihe der Naturwissenschaft, und ‚Jaques Callot' von tiefer Einsicht in die vom ihm auch praktisch geübte Mahlerei zeugt.– Im ‚Ritter Gluck' – den ‚Kreisleranis', im ‚Don Juan' – und dem

---

[22] Friedrich Gottlob Wetzel (1779-1819), Schriftsteller, lebte seit 1809 als Redakteur des Fränkischen Merkurs in Bamberg

‚Hunde Berganza‘ (eine Erzählung, die oft an Cervantes phantastische Ironie und an Shakespeares geisterhafte Schauerlichkeit erinnert) werden bald die Mysterien der Musik und Poesie mit der Salbung eines Tiefgeweihten gefeyert, bald mit dem kecksten vielfarbigsten Humor die moderne Unzucht mit der Kunst und dem Höchsten, und die Mängel unsers Theaters gegeißelt. – Genug, um auf ein Buch aufmerksam zu machen, das bald die Zierde jeder öffentlichen und Privatbibliothek seyn wird."[23] **Friedrich Rochlitz** kommt in seiner **Rezension** der „Fantasiestücke" in der **Allgemeinen Musikalischen Zeitung, Leipzig, vom 17. 8. 1814** (anonym veröffentlicht) unter ausführlicheren Besprechungen nur kurz auf den „Ritter Gluck" zu sprechen: „Ritter Gluck, eine Erinnerung aus dem Jahre 1809. Dies wunderbare, anziehende Bild ist unsern Lesern vor einigen Jahren in diesen Blättern mitgetheilt worden." Rochlitz führt danach aus, daß die Ouvertüre zu Iphigenie in Aulis durchaus als Einleitung zu Iphigenie in Tauris gespielt werden könne.[24]

Auch der unter dem Pseudonym **„Serenus"** schreibende Rezensent kommt in seinem offenen Brief „An den Verfasser der ‚Fantsiestücke in Callot's Manier'" in **„Der Gesellschafter oder Blätter für Geist und Herz. Herausgegeben von F. W. Gubitz. 1. Jahrgang, Berlin 1817. 212. und 213. Blatt vom 29. und 31. Dezember 1817"** über eine kurze lobende Sentenz für den „Ritter Gluck" nicht hinaus, nachdem er zuvor eine enthusiastische Würdigung des „Goldnen Topfes" gegeben hatte: „Noch muß ich Dir diejenigen Deiner Stücke nennen, welche mich am meisten erfreut haben. Zuerst: Ritter Gluck, weil es ein wohlverdienter Hymnus ist auf den Shakespear unter den Tonkünstlern... "

Der Kritiker **Ernst Friedrich Melzer** (?) schrieb im **„Nekrolog"** auf Hoffmann am **2. 7. 1822** in der Berliner **„Vossischen Zeitung"**

---

[23] E. T. A. Hoffmann in Aufzeichnungen seiner Freunde und Bekannten. München 1974 (im folg. zitiert als „Aufzeichnungen"), S. 271/72

[24] Aufzeichnungen, S. 276

(anonym): „... Aber nie vergaß er, über dem dramatischen Mischen seiner Figuren und dem Schmücken der Form, die Seele der Handlung: die Idee, wofür er sie handeln ließ. So, um nur einiges anzuführen, in seinen Phantasiestücken die Idee des Schreibens, wie es sich vor einem höheren als menschlichen Blicke zeigen muß, der ohne bei Curas in die Schule gegangen zu seyn, die Schriftzüge aller Nationen und Zeiten zu lesen vermag, in reiner Anschauung der Seele des Schreibenden aus den geschriebenen Zügen.

So später in der Brambilla die Objektivirung des eigenen Ich bei den Stadien der Ausbildung zum wahren innern Beruf; und das Erwachen aus dem wüsten Traum der Handlung des Bildens, wo dann selbst die Reflexion nur als ein nöthiges Uebel erscheint, da der volle Genuß der ganzen geistigen Kraft keine innere Trennung zwischen Handeln und Denken mehr verstattet. – So seine Würdigung Glucks, so die Ansicht vom Leporello im Don Juan."[25)]

---

25) Aufzeichnungen, S. 668; Ernst Friedrich Melzer (*1792) Berlin, Verfasser von Theaterkritiken in der Vossischen Zeitung, Berlin

Wort und Sacherklärungen:

(Seiten- und Zeilenzahl nach der Herder-Ausgabe)

S. 21, Z. 3: Klaus und Weber. – bekannte Kaffeewirtschaften in den ‚Zelten' im Berliner Tiergarten

S. 21, Z. 3: Mohrrüben-Kaffee. – Aufgrund der Napoleonischen Kontinentalsperre kam kein Bohnenkaffee ins Land

S. 21, Z. 6: Mad. Bethmann. – Friederike Auguste Caroline Bethmann (1760-1815), bekannte Berliner Schauspielerin

S. 21, Z. 7: über den geschlossenen Handelsstaat. – „Der geschlossene Handelsstaat", sozialutopische Schrift des Philosophen Fichte (1800). (Von Rochlitz in Hoffmanns Text eingefügt)

S. 21, Z. 7: böse Groschen. – Münzen mit geringem Silbergehalt

S. 21, Z. 8: Fanchon oder das Leiermädchen (1799), Oper von Friedrich Heinrich Himmel (1765-1814), Text von August von Kotzebue (1761-1819)

S. 23, Z. 8: Iphigenia in Aulis. – Oper von Christoph Willibald Ritter von Gluck (1714-1787), 1774 in Paris uraufgeführt[26)]

S. 23, Z. 9ff.: Mit halbgeschlossenen Augen ... – Anklänge an Diderots ‚Rameaus Neffe' (1805 erschien die dt. Übersetzung von Goethe)

S. 25, Z. 9-10: Chor der Priesterinnen aus der Iphigenia in Tauris. – Wahrscheinlich der Chor Nr. 26 „Chaste fille de Latone"

[26)] Vgl. Hoffmanns Rezension der Klavierbearbeitung der Oper, S. 25

S. 26, Z. 7:	vor Alzinens Burg. – Im Heldengedicht l'Orlando furioso (Der rasende Roland) des ital. Dichters Lodovico Aristo (1474–1533) wird Rüdiger von Ungeheuern aufgehalten, die er besiegen kann, Alcina, auch Oper von Händel
S. 27, Z. 34:	Euphon. – Ellinger ist der Meinung, daß darin die schaffende u. reproduzierende Kraft des Musikers zusammengefaßt sei. H. v. Müller glaubt, daß es sich um Gehörhalluzinationen handelt
S. 28, Z. 29 bis S. 29, Z. 20:	„Ich hatte es über mich gewonnen... – Kritik am Betrieb der Berliner Opernbühnen. Die Mißstände entsprachen Tatsachen
S. 28, Z. 34:	Don Jaun. – Mozarts Oper (Don Giovanni), 1787 in Prag uraufgeführt, wurde 1807 in Berlin aufgeführt. Vgl. Hoffmanns Fantasiestück ‚Don Juan'
S. 29, Z. 7:	Iphigenia in Tauris. – In der Berliner Oper wurde Glucks Oper tätsächlich mit der Ouvertüre der Iphigenia in Aulis eröffnet. Die Iphigenia in Tauris wurde am 29. 9 u. 2. 11. 1807 in Berlin aufgeführt
S. 29, Z. 30:	Friedrichstraße. – Hoffmann wohnte bei seinem 2. Berlinaufenthalt (1807/1808) in der Friedrichstraße 179
S. 29, Z. 32:	Armida. – Glucks Oper ‚Armida' wurde 1777 in Paris uraufgeführt u. am 3. 1., 19. 2. u. 28. 3. 1808 in Berlin gegeben
S. 31, Z. 37:	rastriert. – mit Notenlinien versehen

Interpretierende Inhaltsangabe: RITTER GLUCK

Die Novelle wird von einem Erzähler vorgetragen, von dem nicht mit Sicherheit behauptet werden kann, daß er mit dem Autor des Textes identisch ist, wenngleich durchaus Erinnerungen E.T.A. Hoffmanns aus den Jahren 1807 und 1808 durch offensichtlich Imaginäres und Phantastisches hindurchblitzen. Das spätherbstliche Berlin, das den Schauplatz der Novelle abgibt, ist in realistischer, der romantischen Gepflogenheit wenig entsprechender Manier nahezu topographisch genau gezeichnet. Der Erzähler nimmt zunächst die Position des Beobachters ein und erzählt vom sonntäglichen Treiben unter den Linden und im Tiergarten und zwar so plastisch, daß man den Zeichner und Maler Hoffmann unschwer errät. Die Hauptattraktion freilich bildet recht bald, während der Erzähler auf einem der abseits stehenden Gartenstühle des Restaurants Klaus und Weber Platz genommen hat, das in der Caféwirtschaft musizierende kleine Ensemble von Laienmusikern, das der Erzähler ein ‚vermaledeites Orchester' nennt, das ihn durch ‚kakophonisches Getöse' aus der Ferne noch verstimmt. In diese realistisch gestaltete Schilderung bricht nun ein echt hoffmannesker Zug durch, das 'leichte Spiel' der Fantasie bemächtigt sich seiner, die ihm ‚befreundete Gestalten zuführt, mit denen ich über Wissenschaft, über Kunst, über alles, was dem Menschen am teuersten sein soll, spreche'.[27] An dieser Stelle wird etwas von dem Eintauchen in das Fantastische und zugleich das grotesk-dämonische Moment der Musik, die man als besonderes Kennzeichen Hoffmannscher Fantastik bezeichnen kann, deutlich. Hier am Gartentisch, mitten in Berlin und der dort flanierenden Gesellschaft, findet sich nun auch, vom Erzähler zunächst unbemerkt, und von daher so erstaunlich und plötzlich das Gegenüber des Erzählers ein: ‚ein Mann ... der seinen Blick starr auch mich richtet, und von dem nun

[27] Ritter Gluck. (Zitiert nach: Novelle. Textbücher Deutsch. Hrsg. von Hans-Ulrich Lindken. Freiburg-Basel-Wien: Herder 1978), S. 21

mein Auge nicht wieder loskommen kann.'[28] Zugleich mit der grotesk-dämonisch anmutenden Musik erscheint dieser ebenfalls dämonisch wirkende Mann. Die Bedeutung des Blickes und der Augen erinnert uns an die ebenfalls fantastische Geschichte Hoffmannns ,Der Sandmann'.

Die anschließende Charakterisierung des auffallend skurrilen Einzelgängers und der sich ergebende Dialog steigert den grotesken Eindruck Hoffmannschen Erzählens. Das Gespräch dreht sich – wie kaum anders zu erwarten – um die Art des Musizierens und um die tiefere Bedeutung der Musik.

Zur Titelgestalt leitet die Darbietung der Ouvertüre zu ,Iphigenie in Aulis' über. Und nun bricht in der Erzählung in einer meisterhaften Detailschilderung Hoffmanns grandiose dämonische Charakterisierungskunst auf, indem er die Wirkung der Gluckschen Musik auf diesen bemerkenswerten Sonderling schildert: „... Eine brennende Röte fliegt über die blassen Wangen; die Augbrauen fahren zusammen auf der gerunzelten Stirn, eine innere Wut entflammt den wilden Blick mit einem Feuer, das mehr und mehr das Lächeln wegzehrt, das noch um den halbgeöffneten Mund schwebte. Nun lehnt er sich zurück, hinauf ziehen sich die Augbrauen, das Muskelspiel auf den Wangen kehrt wieder, die Augen erglänzen, ein tiefer, innerer Schmerz löst sich auf in Wollust, die alle Fibern ergreift und krampfhaft erschüttert...".[29] Nach dem Ende der Ouverture setzt der Dialog wieder ein, um die Musik Glucks und den Burgunderwein, den der Fremde sich wohl sein läßt, kreisend, bis daß der Erzähler den Sonderling zu sich in die Wohnung lädt. Nun erfolgt überraschenderweise der erste Hinweis auf die mögliche Identität zwischen dem fremden Sonderling und dem Ritter Gluck, denn der Erzähler bemerkt mit Verwunderung, „daß er (der

---

[28] desgl., S. 21
[29] desgl., S. 23

Sonderling) unter (dem Überrock) eine gestickte Weste mit langen Schößen, schwarzsamtne Beinkleider und einen ganz kleinen, silbernen Degen trug."[30]

Der Sonderling läßt den Erzähler wissen, daß er ein Komponist sei und macht ihm seinen Abscheu vor Berlin klar. Hier interpoliert Hoffmann eine deutliche Kritik an den künstlerischen, vor allem musikalischen Verhältnissen Berlins zu seiner Zeit, die er als Komponist und ausgezeichneter Musikkenner einzuschätzen wußte. Immer wieder werden Bezüge des Sonderlings zur Musik Glucks erkennbar und immer wieder wird die Sonderbarkeit des Mannes deutlich, der sich nun anschickt, eine Charakteristik des romantischen musikalischen Genies zu entwickeln, in dem die göttlich-inspirierenden wie dämonisch-destruktiven Züge der Musik anklingen. Diese Ambivalenz der Musik gefährdet das musikalische Genie und läßt es in der alltäglichen Realwelt wie eine groteske und dämonische Marionette erscheinen. Traumhaftes, Halluzinatives, Mystisches und Quasireligiöses vermischen sich im Bild des Musikgenies und lassen es am Rande des Wahnsinns stehend erscheinen.

„Als ich im Reich der Träume war, folterten mich tausend Schmerzen und Ängste! Nacht war's und mich schreckten die grinsenden Larven der Ungeheuer, welche auf mich einstürmten und mich bald in den Abgrund des Meeres versenkten, bald hoch in die Lüfte emporhoben. Da fuhren Lichtstrahlen durch die Nacht, und die Lichtstrahlen waren Töne, welche mich umfingen mit lieblicher Klarheit...".[31]

Auf dem Höhepunkt seiner ekstatisch-visionären Bekenntnisse zum transzendentalen Charakter der Musik, den er in die Chiffre der Sonnenblume kleidet: „sprang er auf und eilte mit raschen, jugendlichen Schritten zum Zimmer hinaus."[32]

---

[30] desgl., S. 24
[31] desgl., S. 26
[32] desgl., S. 27

Den Erzähler hält es nicht in seiner Stube, er wandert hinaus und in der Nähe des Brandenburger Tores sieht er seinen neuen Bekannten in der Dunkelheit einherschreiten. Dieser bekennt nun, der „Euphon" habe ihn aus dem Hause getrieben. Dem Erzähler bleibt dieses Rätselwort unverständlich und der Leser muß es selber zu dechiffrieren trachten. Es meint sicherlich die andrängende göttliche Gewalt der Musik, die zugleich Erhöhendes und Beglückendes wie Zerstörerisches und in den Wahnsinn Treibendes an sich hat.

Hoffmanns ambivalent-ekstatisches und fantastisches Verhältnis zur Welt der Töne wird hier offenbar, denn es läßt sich kaum bezweifeln, daß hier auch autobiographische Momente in die Erzählung eingeströmt sind.

Nach einem leidenschaftlich-stakkatohaften Dialog über die Aufführungspraktiken in Berlin, die dem sonderlichen Komponisten zutiefst widerstreben und die er auf das heftigste kritisiert, verschwindet er ähnlich abrupt wie zuvor aus der Stube in der Menge: „Plötzlich fuhr er auf und nichts vermochte ihn aufzuhalten. Er war im Augenblicke wie verschwunden, und mehrere Tage hintereinander suchte ich ihn im Tiergarten vergebens."[33]

Der nun folgende kurze zweite Teil der Novelle, den zeitlichen Zwischenraum bis zum Wiedersehen des Erzählers mit dem sonderbaren Komponisten markierend, setzt an einem kalten regnerischen Abend in einem entfernten Teil der Stadt Berlin ein. Der Erzähler auf dem Heimwege zu seiner Wohnung in der Friedrichstraße, eilt an dem nahegelegenen abendlich erleuchteten Theater vorüber, aus dem gerade die ‚rauschende Musik, Trompeten und Pauken' der Gluckschen Oper Armida erklingen. Der Erzähler lenkt somit die Aufmerksamkeit des Lesers wiederum fast unmerklich auf die Gestalt des Ritters Gluck, zugleich entdeckt er im Dunkel an den Theaterfenstern die Gestalt seines neuen Bekannten, der dort in Selbstgesprächen begriffen

---

[33] desgl. S. 29

umherwandelt. Nun führt der Sonderling den Erzähler in seine Wohnung. Die Einrichtung der Wohnung mutet den Besucher gespenstisch-altmodisch an: „Altmodisch reich verzierte Stühle, eine Wanduhr mit vergoldetem Gehäuse, und ein breiter, schwerfälliger Spiegel gaben dem Ganzen das düstere Ansehn verjährter Pracht. In der Mitte stand ein kleines Klavier, auf demselben ein großes Dintenfaß von Porzellan, und daneben lagen einige Bogen rastriertes Papier. Ein schärferer Blick auf diese Vorrichtung zum Komponieren überzeugte mich jedoch, daß seit langer Zeit nichts geschrieben sein mußte; denn ganz vergelbt war das Papier und dickes Spinngewebe überzog das Dintenfaß..."[34]

Der seltsame Mann hatte dem Erzähler versprochen, er wolle ihm jetzt Armida zu Gehör bringen, als sie vor dem Theater standen. Und nun setzte er sich an das Klavier und bat den verwunderten Erzähler, ihm jeweils die Notenblätter rechtzeitig umzuwenden.

„Ich versprach das, und nun spielte er herrlich und meisterhaft, Marcia, womit die Ouvertüre anhebt, fast ganz dem Original getreu: aber das Allegro war nur mit Glucks Hauptgedanken durchflochten. Er brachte so viele neue geniale Wendungen hinein, daß mein Erstaunen immer wuchs." Die rastrierten Blätter freilich waren mit keiner Note beschrieben und der Spieler spielte von einem leeren Blatt und der Erzähler wendete leere Blätter um!

„Nun sang er die Schlußszene der Armida mit einem Ausdruck, der mein Innerstes durchdrang. Auch hier wich er merklich von dem eigentlichen Originale ab: aber seine veränderte Musik war die Glucksche Szene gleichsam in höherer Potenz. Alles, was Haß, Liebe, Verzweiflung, Raserei, in den stärksten Zügen ausdrücken kann, faßte er gewaltig in Töne zusammen. Seine Stimme schien die eines Jünglings, denn von tiefer Dumpfheit schwoll sie empor zur durchdringenden Stärke. Alle meine Fibern zitterten – ich war außer mir. Als er geendet

[34] desgl., S. 31

hatte, warf ich mich ihm in die Arme und rief mit gepreßter Stimme: ‚Was ist das? wer sind Sie?' ..."

Statt eine Antwort zu geben, entwich der Fremde in ein Nebenzimmer und nach einer längeren Zeit kehrte er zurück „in einem gestickten Galakleide, reicher Weste, den Degen an der Seite, mit dem Lichte in der Hand" ... „Ich erstarrte; feierlich kam er auf mich zu, faßte mich sanft bei der Hand und sagte sonderbar lächelnd:

„Ich bin der Ritter Gluck!"[35]. Der Ritter Gluck starb 1787.

Überlegungen zum Verständnis der Erzählung

Die Hoffmann eigentümliche Erzählweise, in der sich das Phantastisch-Skurrile als Erscheinungsform der Alltagswelt dokumentiert, wird nicht erst in Erzählungen wie „Der goldne Topf" oder „Prinzessin Brambilla" vernehmbar, sondern bereits in seiner ersten Novellette von Rang, im „Ritter Gluck". Anders als im „Goldnen Topf" erscheint im „Ritter Gluck" eine historische Persönlichkeit, wohingegen in der Dresdner Novelle bestenfalls Zeitgenossen Hoffmanns auftauchen. („Doch bleibt es ein gewagtes Unternehmen das durchaus Fantastische ins gewöhnliche Leben hineinzuspielen und ernsthaften Leuten, Obergerichtsräten, Archivarien und Studenten tolle Zauberkappen überzuwerfen, daß sie wie fabelhafte Spukgeister am hellen lichten Tage durch die lebhaftesten Straßen der bekanntesten Städte schleichen und man irre werden kann an jedem ehrlichen Nachbar.[36])

---

35) desgl. S. 32

36) Die Serapions-Brüder (Winkler-Ausgabe), S. 254; vgl. auch folgende Stelle im „Goldenen Topf" (Reclam-Ausg.), S. 35: Denn in der Tat, ich habe in den Nachtwachen, die ich dazu verwende, seine höchst sonderbare Geschichte aufzuschreiben, noch so viel Wunderliches, das wie eine spukhafte Erscheinung das alltägliche Leben ganz gewöhnlicher Menschen ins Blaue hinausrückte, zu erzählen, daß mir bange ist, du werdest am Ende weder an den Studenten Anselmus noch an den Archivarius Lindhorst glauben, ja wohl gar einige ungerechte Zweifel gegen den Konrektor Paulmann und den Registrator Heerbrand hegen, unerachtet wenigstens die letztgenannten achtbaren Männer noch jetzt in Dresden umherwandeln.

Für die Gestalt Glucks ließe sich aber über die Zeitgenossenschaft zu Hoffmann durchaus streiten. Gluck starb, als Hoffmann elfjährig als Schüler in Königsberg weilte (1787). Das historische Berlin von 1807/08 bildet den geographischen Spielraum der Novellette, in den die imaginativ-phantastisch gesehene Gestalt des Komponisten hineinverpflanzt ist, um hier wiederum auch völlig berechtigte Kritiken (Hoffmanns) am Berliner Kulturleben zu Anfang des 19. Jahrhunderts vorzutragen. Gluck erscheint als legendäre Gestalt in der preußisch-märkischen Metropole, ein geistiger Erbe des Maria-Theresianischen und Josephinischen Wien, als Ritter des 18. Jahrhunderts in der verbürgerlicht-romantischen Welt des angehenden neuen Jahrhunderts. Gluck tritt durchaus anachronistisch auf (Hoffmann nennt ihn Sonderling), als genialer Musikus aus galanter Zeit. Ein deutlicher Kontrast zwischen dem nüchtern pedantischen Norden und dem chevralesken Süden wird vernehmbar.

Was es mit der Gestalt des Ritters auf sich hat, wird letztlich nicht deutlich, sie umweht ein Hauch genialen Wahnsinns, oder ist es genialisches Spiel eines Musikenthusiasten? Wird der Erzähler durch Halluzinationen oder Wachträume düpiert? Erscheint eine geisterhaft-überirdische Gestalt sozusagen aus dem Jenseits? Die Beschreibung der längstverlassenen Wohnung, der möglicherweise vergilbten Notenpapiere und erloschenen Notenschrift könnte diesen Gedanken nahelegen.

Die Schlußsentenz „Ich bin der Ritter Gluck" setzt einen erzähltechnischen Höhe- und Wendepunkt, wenn man sich hier der A. W. Schlegelschen oder Tieckschen Poetikterminologie bedienen will, der die Subsumierung zum Genre Novelle durchaus rechtfertigt.

Hoffmanns geniale Künstlernatur ist zum Konflikt mit der banalen Alltagswelt prädestiniert; dieser Konflikt ist in nahezu alle Dichtungen und Zeichnungen eingegangen. Im Grunde sind auch seine Musikkritiken und Musikrezensionen aus dieser Konfliktsituation zu verstehen. Als Beispiel für Hoffmanns Rezensionstätigkeit haben wir seine **Rezension der Gluckschen Iphigenia in Aulis** (Klavierausgabe) aus der „Allgemeinen Musikalischen Zeitung“, Jg. XII, No. 48-49 vom 29. 8. und 5. 9. 1810, Sp. 770-73 und 784-89 aufgenommen.

Ausschnitt aus einer Hoffmannschen Rezension: Iphigénie en Aulide, Opéra en 3 Actes de Mr. le chevalier de Gluck, arrangeé pour le Pianoforte par Mr. Grosheim:

So wie die mehrsten unserer neuesten Opern nur Konzerte sind, die auf der Bühne im Kostüm gegeben werden: so ist die Glucksche Oper das wahre musikalische Drama, in welchem die Handlung unaufhaltsam von Moment zu Moment fortschreitet. Alles was diesem Fortschreiten hinderlich ist, alles was des Zuhörers Spannung schwächen und seine Aufmerksamkeit auf Nebendinge – man möchte sagen, von der Gestalt auf den Schmuck – lenken kann, ist auf das sorgfältigste vermieden und eben die dadurch entstehende höchste Präzision erhält das Ganze energisch und kraftvoll. Daher gibt es keine langen Ritornelle[37], die mehrsten Arien sind beinahe nur das Rezitativ zu rechter Zeit bei der Steigerung des Ausdrucks unterbrechende „a tempos“[38], und die Chöre und Ensembles nie durch unnütze Wiederholungen zu einer Länge getrieben, die den Zuhörer von der Situation und von dem Moment der Handlung wegführt. Nur die höchste Erkenntnis der Kunst, nur die unumschränkte Herrschaft über die Mittel des musikalischen Ausdrucks spricht sich in der hohen Simplizität aus, mit welcher der große Meister die stärksten, leidenschaftlichsten Momente des Dramas behandelt. (...) – Nicht aber allein den Moment der Handlung, sondern auch die Charakteristik der Personen beachtet der Meister auf das strengste und ohne die beengende Rücksicht auf die Individualität der Sänger. Nicht die „prima donna“, der „primo

---

[37] Ritornell (ital.): in der Musik, instrumentales Vor-, Zwischen- und Nachspiel im Gesangssatz mit instrumentaler Begleitung

[38] a tempo (ital.): im Anfangstempo (weiterspielen)

uomo", der „primo basso"[39] sollen sich hören lassen, sondern Clytemnestra soll ihren königlichen Sinn, Iphigenia ihre Kindlichkeit, ihre Ergebung in den Willen der Götter, Achilles seine Liebe, seinen jugendlich aufbrausenden Zorn musikalisch aussprechen. Setzt nun noch Rez. hinzu, daß Gluck überall reichen harmonischen Stoff verarbeitet, und jede leere Phrase verachtet, weshalb bei der höchsten Präzision, bei der höchsten Klarheit, der Satz überall, vor züglich in den herrlichen Chören, gediegen und stark bleibt: so glaubt er das Wichtigste berührt zu haben, weshalb die Gluckschen Opern klassische Meisterwerke sind und bleiben, die jeder junge Tonsetzer, der sich an ernste tragische Dramen wagen will, nicht genug studieren kann. Sind seine Schwingen auch nicht stark genug, jenen hohen Genius in seinem Adlerfluge zu erreichen, so wird er doch dem Sumpfe, in welchem sich die Gemeinheit so wohl befindet, entfliegen.

Schon einen gewissen Stil wird er sich aneignen, der dem Zuhörer wohltut. Eben deshalb hält es Rez. für geratener, ältere, energische Werke zu studieren, als ohne dieses Studium der hohen Romantik Mozarts nachzujagen. Nur ein romantisches tiefes Gemüt wird den romantischen tiefen Mozart ganz erkennen; nur die der seinigen gleiche schöpferische Phantasie, aufgeregt durch den Geist seiner Werke, wird, so wie er, das Höchste der Kunst aussprechen dürfen. Selbst manchem guten Meister der neuesten Zeit war es gefährlich, wenn Mozartsche Werke ihn entzündeten, er dieses für die schaffende Begeisterung selbst, die Mittel des Ausdrucks für den Ausdruck nahm, und darüber in nichtssagenden Schwulst geriet. Die Bühne bedarf immer des Neuen, daher wird so viel komponiert: aber schnelles Vergessen bestraft die Charkterlosigkeit, den verfehlten Stil, oder vielleicht den gänzlichen Mangel jedes Stils mancher Komponisten, der es sonst an einzelnen glücklichen Ideen, an guten fließenden

[39] prima donna (ital.): erste und bedeutendste Sängerin einer Bühne (meist Sopran)
primo uomo (ital.): erster und bedeutendster Sänger einer Bühne (meist Tenor)
primo basso (ital.): erster Bassist einer Bühne

Melodien nicht fehlt, und die nur der Mode und den Bedürfnissen der eitlen Sänger frönte. Nach der Meinung des Rez. könnte ein tieferes Eingehen und Erkennen des Geistes der Gluckschen Dramen manchem jungen Komponisten von guten, glücklichen Anlagen, Vorurteile und Ansichten benehmen, die ihn notwendig irreleiten; und vermißt man selbst auch in seinen Werken den hohen Genius jenes großen Meisters, so wird wenigstens die Einheit, der gehaltene Charakter seines Werks den Zuhörer mehr ansprechen, als gelungene Einzelheiten, die nie den Totaleindruck, von dem das Glück des Drama abhängt, bewirken werden. –

Möchte sich manche Theaterdirektion durch die anscheinende Einförmigkeit, vorzüglich aber durch die Klagen der Sänger: – daß es nichts Brilliantes zu singen gäbe, daß das Rezitieren sie zu sehr angreife etc., sowie durch die Furcht der geringeren Teilnahme des Publikums, nicht abhalten lassen, die Gluckschen Werke auf die Bühne zu bringen, und so dem Untergange der wahren, ernsten Oper vorbeugen. – (...)

Der goldne Topf

ENTSTEHUNGS- UND WIRKUNGSGESCHICHTE

Daten zur Entstehungsgeschichte:

Hoffmanns Arbeit an seiner berühmtesten Novelle fällt in die historisch turbulente Zeit zwischen dem **13. August 1813** und dem **5. März 1814.** Zu dieser Zeit hielt sich der Dichter in Dresden und Leipzig auf, inmitten der Wirren um die Völkerschlacht bei Leipzig. Hoffmanns persönliche Bekanntschaft mit Dresden zu diesem Zeitpunkt spiegelt sich in dem „Märchen" unmittelbar wider.

Den ersten schriftlichen Hinweis auf das Märchen erhalten wir von einer frühen, von der späteren authentischen Fassung abweichenden Konzeption durch einen Dresdener **Brief Hoffmanns** an seinen Bamberger **Verleger Kunz,** datiert vom **19. August 1813:**

(...) – in keiner als in dieser düstern verhängnißvollen Zeit, wo man seine Existenz von Tage zu Tage fristet und ihrer froh wird, hat mich das Schreiben so angesprochen – es ist, als schlösse ich mir ein wunderbares Reich auf, das aus mein(em) Innern hervorgehend und sich gestaltend mich dem Drange des Äußern entrückte – Mich beschäftigt die Fortsetzung ungemein, vorzüglich ein Mährchen das beynahe einen Band einnehmen wird – Denken Sie dabey nicht, Bester! an Schehezerade und Tausend und Eine Nacht – der Turban und türkische Hosen sind gänzlich verbannt – Feenhaft und wunderbar aber keck ins gewöhnliche alltägliche Leben tretend und sei(ne) Gestalten ergreifend soll das Ganze werden. So z. B. ist der Geheime Archivarius Lindhorst ein ungemeiner arger Zauberer, dessen drey Töchter in grünem Gold glänzende Schlänglein in Krystallen aufbewahrt werden, aber am H. DreyfaltigkeitsTage dürfen sie sich drey Stunden lang im HollunderBusch an Ampels Garten sonnen, wo alle Kaffee- und Biergäste vorübergehn – aber der Jüngling, der im Fest(t)agsRock sei(ne) Buttersemmel im Schatten des Busches verzehren wollte ans morgende Collegium denkend, wird in unendliche wahnsinnige Liebe verstrickt für eine der grünen – er wird aufgeboten – getraut – bekommt zur MitGift einen goldnen Nachttopf mit Juwelen besetzt – als er das erstemal hineinpißt verwandelt er sich in einen MeerKater u.s.w. – Sie bemerken Freund! daß Gozzi und Faffner spuken!–[40]

In einem anderen Dresdener **Brief vom 8. 9. 1813** schreibt Hoffmann in durchaus gerechtfertigter Wertschätzung seines Werks: – Gott lasse mich nur das Mährchen enden, wie es angefangen – ich habe nichts besseres gemacht, das andere ist todt und starr dagegen und ich meine, daß das s i c h h e r a u f s c h r e i b e n zu etwas ordentlichem, vielleicht bei mir eintreffen könte! –[41] obgleich nach Ausweis der „Tagebücher" Hoffmann zu diesem Zeitpunkt noch keine Silbe des Märchens zu Papier gebracht hatte. Gleiches gilt auch für die folgenden z.T. widersprüchlichen Mitteilungen an **Kunz** vom **17. 9. 1813:** „Das Mährchen sub titulo: der goldne Topf, ist fertig, aber noch nicht ins Reine gebracht", vom **28. 12. 1813:** „Vom Mährchen könnte ich Ihnen schon saubere Reinschrift schicken, ich möchte aber das Manuskr. nit gern trennen und Ihnen gleich das Ganze senden."[42]

Nach Ausweis der **„Tagebücher"** begann Hoffmann mit der Niederschrift am **26. November 1813:** Krank zu Hause – jedoch das Mährchen „Der goldene Topf" mit Glück angefangen.

Mit einem **Brief vom 16. 1. 1814** aus Leipzig sandte der Dichter die Reinschrift der ersten 4 Vigilien an **Kunz** in Bamberg zum Druck mit

---

[40] Briefwechsel I, S. 408; Carlo Gozzi (1720-1806), ital. Dichter (Venedig), Verfechter der Commedia dell'arte gegen Goldoni. Schuf Dramen und Märchen (Fiabe): Donna serpente; L'amore delle tre melarance; Turandot. Faffner (Fafner): Lindwurm in Fouqués Heldengedicht „Sigurd der Schlangentödter" (1808), vgl. Wagners „Der Ring der Nibelungen"

[41] Briefwechsel I, S. 413/14

[42] desgl. S. 420 u. 434

folgenden Bemerkungen: „... ich glaube Ihnen eine Gemüthsergötzlichkeit zu bereiten, wenn ich Ihnen anliegend die Reinschrift der ersten vier Vigilien meines Mährchens sende, das ich selbst für exotisch und in der Idee neu halte; die Idee, die ich beabsichtigt, spricht sich im Anfange der vierten Vigilie aus. Sie thäten mir einen Gefallen, wenn Sie mir diese Reinschrift zurücksendeten – wollen Sie aber schnell den Druck beginnen, so können Sie sich darauf verlassen, daß meinerseits kein Aufenthalt verursacht werden soll, da ich unausgesetzt jetzt arbeite. Ich bemerke aber, daß ich noch mit mir uneins bin, ob ich es bey dem Titel belasse, dann aber auf Ihr und Wetzels (s. Anm. 22) Urtheil submittire, ob den Vigilien nicht mit Effekt kurze Inhaltsanzeigen vorzusetzen ... Schreiben Sie mir bald, theurer Freund, und bitte ich ausdrücklich um Nachricht, wie Sie und Wetzel das Mährchen angesprochen."

Als Postscript fügt Hoffmann diesem Brief noch folgende Bemerkung zum „Goldnen Topf" an: „Soeben habe ich die sechste Vigilie noch einmal gelesen; es bleibt bey dem Titel ‚der goldene Topf'[43]". **Kunz** bemerkt zu Hoffmanns Bitte um Nachricht: „Es geschah, und Hoffmann war über unser beiderseitiges Urtheil hoch erfreut.'[44] Hoffmanns **Tagebucheintrag** verzeichnet die Entstehung der **sechsten Vigilie** unter dem **25. Januar 1814**!

Die **Tagebücher** verzeichnen, nachdem sie über den Fortgang der Arbeiten am Märchen laufend berichtet hatten, unter dem **4. März 1814:** „ ... das Mährchen endlich fertig abgeschrieben u. den Brief an Kunz fertig gemacht – ..." und unter dem **5. 3.:** „Mährchen abgesendet".[45] Im **Brief vom 4. 3. 1814,** der die Schlußvigilien des Märchens enthielt, schreibt Hoffmann an **Kunz**: „Ohne Säumniß schicke ich Ihnen in der Anlage das vollendete Mährchen mit dem herzlichen Wunsche, daß es Ihnen in seiner durchgehaltenen Ironie Vergnügen

---

43) desgl., S. 439/40
44) desgl., S. 440, Fußnote 14
45) desgl., S. 248

gewähren möge! – Die Idee so das ganz Fabulose, dem aber wie ich glaube, die tiefere Deutung gehöriges Gewicht giebt, in das gewöhnliche Leben keck eintreten zu lassen ist allerdings gewagt und so viel ich weiß von einem teutschen Autor in diesem Maaß noch nicht benutzt worden; Sie können mir auch glauben, theurester Freund, daß ich mich recht in steter Spannung und Aufmerksamkeit erhalten mußte um ganz in Ton und Takt zu bleiben. – Wie mir dies nun gelungen, mögen meine Freunde beurtheilen.“[46)]

Am **24. März 1814** läßt Hoffmann in einem Brief aus Leipzig an **Kunz** bereits die Figuren aus dem Märchen ihr souveränes Eigenleben in der Alltagswelt führen:

(...) Hochzeit und Kindtaufe zur Hand und es war eben so gut. – Nachher vertiefte ich mich in die Wissenschaften, das heißt in die geheimen und zwar – ich legte Karten! – da klopfte es aber, und der Conrektor Paulmann aus Dresden trat herein mit vielen Empfehlungen vom Hofrath Heerbrand! – Dieser gute hat viel gelitten, er machte sieben Sonnette und eine Glosse, die Aerzte sagten aber nachher, das sey bloß ein zurückgetretener Schnupfen, nebst etwas metrischem Fieber, – da ich aber nicht wie Stallmeister meinen Setzer zur Hand habe, der dem tollen Gaul nachsezt, der durch Gichtstiche, wie durch Spornstiche scheu worden, so ziehe ich lieber in Zeiten den Zügel an – und somit Hott – hott – trott hott – hinein.[47)] (...)

Ähnlich verfährt der Dichter im **Brief** an **Fouqué**[48)] vom **27. 12. 1814** (aus Berlin):

“ ... Sollte Ihnen nächstens ein ganz wunderlicher Jüngling, Anselmus genannt, vorkommen, so empfehle ich ihn Ihrer Liebe und Güte, auch

---

46) Briefwechsel I, S. 445

47) desgl., S. 458

48) Friedrich Baron de la Motte-Fouqué (1777-1843), pseudoromantischer Dichter, zu seiner Zeit sehr geschätzt und viel gelesen. Dramatiker, Lyriker, Novellist, sentimental-idyllisch; germanisch-mittelalterliche Stoffe. Entstammt franz. Emigrantenfamilie. Verf. des Märchens „Udine“

bitte ich Ihren Blick auf den Archivarius Lindhorst zu richten, wenn er vieleicht als Stoßgeyer über die Burg Nennhausen[49] wegfliegen sollte; die Serpentina wird sich wohl einzuschmeicheln wissen.
Mit Hitzig, Veith*), Chamisso, Contessa glaube ich in Zeit von einer halben Stunde den mit edlem Wein gefüllten Pokal auf Ihr Wohl, auf Ihr herrliches Dichterleben anzustoßen."[50]

Am 30. 8. 1816 gesteht sich der Dichter in einem Brief aus Berlin an seinen Freund **Hippel,** dem er des öfteren von der Erzählung berichtet hatte, selber ein: „... Ich schreibe keinen goldnen Topf mehr! – So was muß man nur recht lebhaft fühlen und sich selbst keine Illusionen machen! – ...[51]

Daten zur Wirkungsgeschichte:

Anders als der „Ritter Gluck" fand das Märchen „Der goldne Topf" erhebliche, meist enthusiastische Zustimmung. Des Dichters eigene hochgespannte Erwartungen in dieses Werk erfüllten sich sogleich nach dem Erscheinen des Bandes im Herbst 1814. In seiner Besprechung der „Fantasistücke in Callots Manier" schreibt **1815** der **Rezensent des „Morgenblattes"** zum „Goldnen Topf" u. a. folgendes:

„Die kühnste und reichste Phantasie in den wunderbarsten Verbindungen paart sich in dieser herrlichen Dichtung mit ruhiger Besonnenheit und reifer Überlegung. Die interessantesten Ideen über des Menschen Dasein und Bestimmung bilden davon den Mittelpunkt, sind aber mit zauberhafter Leichtigkeit behandelt, mit den glück-

---

[49] Feudalsitz Fouqués
[50] Briefwechsel II, S. 33/34
[51] desgl. S. 100
*) Philipp Veith (1793-1877) bed. Maler und Porträtist

lichsten und treffendsten Bildern und Mythen veranschaulicht, so daß dem sinnigen Leser über ihre Bedeutung kein Zweifel übrig bleiben kann. Hohe Absichtlichkeit und scheinbare phantastische Spielerei, philosophische Konsequenz in der Entwicklung der zugrunde liegenden Ideen und schalkhafte Ironie durchdringen sich so innig, daß der ernste Denker ebensosehr dadurch befriedigt, als der bloß Unterhaltung suchende Leser dafür gewonnen werden muß." (...)

(...) „Die Idee, daß alles Niedere nur durch ein Höheres emporgehoben und veredelt werden könne, daß alles Tüchtige nur allmählich reife und sich aus dem Chaos oder Rauhen zum Geordneten, Regelmäßigen und Schönen verkläre, sowie die Sage, daß alles Licht für die Menschen vom Orient komme, ist meisterhaft durch das treue Kopieren morgenländischer Handschriften veranschaulicht, wo die anfangs unüberwindlich scheinenden Schwierigkeiten in dem Grade verschwinden, als das Herz von der Liebe zu dem hohen Ideale seines Verlangens inniger eingenommen wird, so daß zuletzt nicht bloß die schwer nachzuahmenden hieroglyphischen Züge mit unglaublicher Leichtigkeit nachgebildet, wie wenn Anselmus sie selbst erschaffen, sondern auch ihre Bedeutung seinem Geiste klar wird, womit die Weihe ereicht ist."[52)]

Friedrich Gottlob Wetzel rezensiert Hoffmanns Novelle im selben Jahr in den **„Heidelbergischen Jahrbüchern der Literatur"** u. a. in folgender Weise:

„Wenn es Werke des Genius gibt, die, gleich hoch über Lob und Tadel erhoben, den Maßstab, nach welchem sie zu messen sind, erst mit sich selbst auf die Welt bringen, so rechnen wir unbedenklich dieses wunderschöne Märchen zu jenen seltenen Geistesblüten." (...)

(...) „Es ist das Geheimnis aller Geheimnisse, das große Mysterium aller endlichen Schöpfung, des Abfalls und der Wiederkehr

---

52) Morgenblatt, Übersicht der neuesten Literatur, 1815, Nr. 4, S. 14 f.

des Vergänglichen in das ursprüngliche Sein, woran dies Märchen erinnert. Auch einen schönen Hymnus auf die Poesie selber könnte man es nennen, denn es ist ein poetisches Gemüt, an welchem jene Verklärung des unscheinbaren Erdkeims zum Glanze uralter Seligkeit gefeiert wird."[53]

Aus den vielen zeitgenössischen Rezensionen und Besprechungen wählen wir an dieser Stelle noch den offenen Brief an Hoffmann, der in **Friedrich Wilhelm Gubitz' Zeitschrift „Der Gesellschafter oder Blätter für Geist und Herz" im Jahre 1817** erschien unter dem bisher nicht geklärten Pseudonym **„Serenus":**

Serenus: „An den Verfasser der ‚Fantasiestücke in Callots Manier'
Der Gesellschafter oder Blätter für Geist und Herz.
Herausgegeben von F.W.Gubitz 1. Jahrgang, Berlin 1817.
212. und 213. Blatt vom 29. und 31. Dezember 1817.
[G., 6. November 1817.]

Lieber Enthusiast! Nach Lesung Deiner Fantasiestücke hatte ich nichts Eiligeres zu thun, als nach Dresden zu wallfahrten. Warum? – Ich wollte den Hofrath Heerbrand besuchen und seine Veronika, vorzüglich letztere. Dies zu erringen schreckte mich selbst die Prellerei der Gastwirthe und Grobheit der Zollbedienten und Thorschreiber nicht ab. So hielt mich gleich bei meiner Einwanderung in Dresden die Schildwacht an, fragte nach meinem Charakter und Paß, und als ich letzteren vorgezeigt, und mich übrigens für einen reisenden Enthusiasten ausgegeben hatte (ich war es wirklich), sah mich der Kerl von der Seite an, als ob er mich für einen Spitzbuben hielte, und fragte endlich: wo ich logiren würde? Ich nannte das erste beste Hotel, welches mir einfiel (ich weiß nicht mehr, ob „de Saxe", „Pologne" oder „Baviere") und ging hierauf zwar nicht dahin, aber doch in ein besuchtes Kaffeehaus, wo ich mich nach dem Hofrath Heerbrand erkundigen wollte. Zum Glück war er selbst dort. Du hast ihn in Deinem Buche so

[53] Heidelbergische Jahrbücher, 1815, 8. Jg. 2. Hälfte, Nr. 66, S. 1041 f.

treffend gezeichnet, daß ich ihn nicht verfehlen konnte. Er kam mir entgegen nett und zierlich, wie ein sächsisches Aktenstück (die preußischen sind bei weitem unsauberer) und ich hatte kaum angefangen zu fragen: Sie sind –? so antwortete er mir schon: Der Hofrath Heerbrand! Die Bekanntschaft war bald gemacht, denn ich führte das Gespräch zuerst auf Erfindung der edlen Schreibekunst, und lenkte es dann allmählich auf einen gewissen Duktum in der Frakturschrift[54], den ich kürzlich erfunden, wobei ich nicht undeutlich merken ließ: daß es vielleicht der nämliche seyn möge, von welchem er Th. III p. 35. Deiner Fantasiestücke geträumt habe. Alles dies trug dazu bei, daß er immer gesprächiger wurde. Wir unterhielten uns lange, und es kam mir dabei sehr wohl zu statten, daß ich kürzlich Montfaucons „Paleographia Graeca“[55] durchblättert hatte, denn nun wußte ich ihm mancherlei zu erzählen von der Dinte, von den Federn und vom übrigen Schreibmaterial der Alten. Endlich ward ich keck genug, die Streitfrage aufzuwerfen: ob die alten Griechen Streusandbüchsen und Löschblätter gekannt hätten oder nicht? Er bejahte es, ich verneint es; durch derlei Machinationen[56] brachte ich es aber dahin, daß er mich auf den andern Tag zum Mittagessen einlud. Schlag halb zwölf Uhr war ich an Ort und Stelle.

Die Frau Hofräthin trat mir entgegen, ganz wie Du sie por trätirt hast, mit ihren hellen dunkelblauen Augen (nur daß das Blau jetzt, wie durch Thränen gemildert, dem Blau eines freundlichen Abendhimmels zu vergleichen war) und hieß mich willkommen. Ihr Mann befand sich noch in Geschäften auswärts, und sie nöthigte mich deshalb in ihr Zimmer. Als ich sie so anblickte und zwar nur von der Seite und verstohlen (weil sie mich interessirte), da hatte ich fast Lust, sie mit Undinen[57] zu vergleichen, die ohne Geliebten seelenlos war, und

---

[54] deutsche Schriftart mit gebrochener Linienführung

[55] Bernard de Montfaucon (1655-1741), franz. Altertumsforscher: Palaeographia Graeca, 1708

[56] Machination (franz.): Machenschaft

[57] s. Anm. 39

dachte bei mir: Wenn Sie doch Frau Hofräthin Anselmus wäre und nicht Hofräthin Heerbrand! – Ich befand mich in einer gewissen Verlegenheit, die mir in meinem Leben nur selten vorkommt. Vorzüglich merkte ich es daran, weil ich öfter als sonst in die Schnupftabaksdose griff, den Sekretär aus Mahagoniholz bewundern konnte, und der Flötenuhr, welche eben eine Opern-Arie von ihren Walzen abrollte, andächtig zuhörte, weniger aber in Veronikas blaue Augen sah. So spekulirte ich denn im Stillen, Unterhaltungs-Gegenstände ausfindig zu machen, um das störende und lästige Stummseyn zu hindern. Unglücklicherweise war weder Pudel noch Katze, auch nicht einmal ein Kind im Zimmer. Wie ich so meine Augen umherschweifen ließ, bemerkte ich ein Buch auf der Ottomane aufgeschlagen. Ich ergriff es, aber denke Dir mein Schrecken, als ich den Titel ansah: es war der dritte Theil der Fantasiestücke in Callots Manier. Meine Verstellung war vorbei, zumal weil die junge Frau mich aus der Ferne rothwerdend beobachtete, ich hielt nicht länger an mich, sondern platzte heraus: Ei, das ist ja Ihre Geschichte, hochgeehrteste Frau Hofräthin, und die des vormaligen Studiosi Anselmus und seines Herrn Schwiegervaters, und – und – ich wollte sagen: der Serpentina; aber ich verschluckte das Wort, denn ich fürchtete, ihr wehe zu thun.

„Ja wohl, meine traurige Geschichte!“ versetzte sie, indem sie ihre Augen aufschlug, doch gleich darauf wieder schaamhaft niedersenkte. „Sagen Sie, bester Herr! ist es nicht schonungslos: was ich mit mir selbst innerhalb der vier Wände meiner Stube geplaudert habe, der ganzen Lesewelt zu erzählen? Ich darf an keinem öffentlichen Orte mich sehen lassen, sogleich zischelt man sich in die Ohren: Die Hofräthin Heerbrand! – Und ich frage Sie: Was ist meine Schuld? habe ich den Anselmus nicht recht lieb gehabt? Wahrhaftig! Denn sonst würde ich zur Zauberkunst der alten Liese meine Zuflucht nicht genommen haben. Daß ich mir ihn zugleich als Hofrath dachte, ist gewiß verzeihlich, denn was ist ein Mensch ohne Charakter?* –

* Es sollte eigentlich Titel heißen, aber sie hatte auch so, wie sie sprach, nicht Unrecht.

Ach, und was mir am wehesten thut, ich denke: sein Leben auf dem Rittergute in Atlantis wird ihn nicht immer beglücken, denn er war doch eigentlich in seiner Art wie alle Menschen, und wird sich gewiß dann und wann in ihren Kreis zurück sehnen, des Lebens bei seiner Salamandrine überdrüssig. Sie wissen ja, daß er gern Taback rauchte und den Sanitäts-Kanaster nicht verschmähte, womit ihn mein Vater beschenkte. Das wird aber seine Frau nicht leiden, wegen ihrer zarten Nerven. Außerdem vergessen Sie nur nicht, daß Serpentine eigentlich eine Schlange ist, und daß sich daher von ihr nur eitel Böses erwarten läßt. Mir fällt dabei immer die Geschichte von der Verführung Adams und Evas im ersten Buch Moses ein." –

Ich konnte mir nicht helfen, ich mußte lächeln. „Lachen Sie immer!" sagte sie ernsthaft, „Ich habe gewißlich nicht Unrecht. Aber", fuhr sie fort, „sind Sie nicht mit dem Manne bekannt, der unsere Geschichte beschrieben hat, oder –." Sie sah mich von oben bis unten an, als ob sie mich für den Verfasser hielte.

Dies bemerkend erwiderte ich: Sie irren sich, theureste Frau Hofräthin! wenn sie mich für den Publizisten halten, aber ich wollte ich wär' es. Der Verfasser ist soviel ich weiß, Justizrath oder Musikdirektor oder auch Beides zugleich. – Auf jeden Fall werde ich nächstens an ihn schreiben.

„Nun, so schreiben Sie ihm, er hätte mir bittres Unrecht angethan." Damit legte sie ihre weiße Hand auf meine Schulter und fuhr mit weicherer Stimme und nassem Auge fort: „Ich habe es mit dem Anselmus recht gut gemeint –."

Romanenstreiche! sagte der Hofrath, welcher eben herein und unbemerkt hinter uns getreten war. Seyn Sie mir willkommen, bester Freund! und nun sagen Sie mir: was ist das für ein vermaledeites Buch, das hier aufgeschlagen liegt? Gewiß eine herzbrechende Geschichte, wie Werthers Leiden oder Siegwart[58], die ich zwar auch nur

---

[58] Siegwart. Eine Klostergeschichte. Roman von Johann Martin Miller, 1776; Werther-Nachahmung

dem Rufe nach kenne. Ich kann das Zeug nicht verdauen und daher nicht einmal hinein sehen, aber meine Frau hat nach jedem Blatte ein nasses Schnupftuch in die Wäsche geschickt.

„Exkusiren, Herr Hofrath!" sagte ich. „Das Buch ist gar nicht zum Weinen, vielmehr recht zum Lachen eingerichtet, und die Thränen Ihrer Frau Gemahlin müssen daher irgend einem näheren Antheile an den handelnden Personen oder irgend einem verlornen Glücke gegolten haben." Diese letztern Worte fuhren mir heraus, ich wußte nicht wie?

Paperlapap! versetzte der Hofrath. Verlornes Glück? Ich dächte gar! Und überhaupt ist es albern, über ein Buch Thränen zu vegießen. Es ist gegen alle Dezenz; mir ist so was in meinem Leben noch nicht widerfahren.

"Du liesest ja auch nur den Addreß-Kalender!" sagte sie, und ich – machte einen Bückling, der miserabel gerieth.

Es war mir auch sehr lieb, daß der Hofrath jetzt fragte: Ist's gefällig? Und da es Dir, lieber Enthusiast! ganz gleichgültig seyn kann, ob wir Fasanen oder Schnepfen, Hühner oder Truthühner, indianische Vogelnester oder wilden Schweinsbraten oder auch gar nichts speisten; so will ich Dir nur vermelden, daß ich jetzt in meiner Heimat wieder glücklich angelangt bin. –

Ich sitze hier und schreibe an Dich. Was den Auftrag der Frau Hofräthin betrifft, so glaube ich doch, sie hat nicht ganz Unrecht: wenn sie meint, Anselmus werde sich dann und wann von seinem Rittersitze in Atlantis wieder nach Dresden sehnen, in's Linkesche Bad und zu ihrem Vater dem Konrektor Paulmann. Denn der Mensch bleibt Mensch. Hat er einige Zeit im klarsten Aether geschwebt, so schnüffelt er nach verdickter Luft, wie denn auch die Vögel nicht immer den Wolken nahe leben sollen, sondern mitunter recht gern ihr Luftrevier verlassen und auf der niedern Erde umherhüpfen. Sagt doch schon J e a n P a u l[59] im dritten Heftlein seines

---

[59] Jean Paul (eig. Jean Paul Friedrich Richter) (1763-1825), Romanschriftsteller, Ästhetiker und Pädagoge. Bedeutender humoristischer Romancier. Schrieb Vorwort zu Hoffmanns „Fantasiestücken"

Hesperus[60] p. 247: Der Mensch kann nicht immer im dritten Himmel seyn, er muß zuweilen im ersten übernachten. Und so passirt oft mir selbst in Augenblicken, wo ich nach Sonnenstrahlen und Himmelsduft schnappe, nahe dem Allerheiligsten etwas Menschliches. Z. B. erst kürzlich deklamirte ich an einem öffentlichen Orte vor einigen Freunden ein unbeschreiblich rührendes Gedicht, und Alle hörten still und aufmerksam zu. Während dem ging die Aufwärterin vorüber, bei welcher ich mein frugales Abendbrod bestellt hatte, und da dies über die Gebühren lange ausgeblieben war; so zerriß ich die göttlichste Stelle in meiner Deklamation und fragte: Mädel, wie steht's mit den bestellten Radieschen und Butterschnitten? Der ganze Effekt war hin, die Zuhörer lachten, aber was konnte ich dafür?

Doch ich will hiervon abbrechen, denn eigentlich ist Alles, was ich bis jetzt an Dich geschrieben habe, noch nicht die Hauptursache dieses Briefes. Ich hätte an Dich geschrieben, wenn ich auch nicht mit der Hofräthin Heerbrand gesprochen hätte. Denn es treibt mich gewaltig, Dir, Du guter Mensch! recht aus Herzensgrunde zu danken, weil Du durch Deine Fantasiestücke mich wechselsweise erhoben und fröhlich gemacht, kurz, mich unaussprechlich erquickt hast. Ach ich wollte, Du ständest jetzt vor mir, und ich könnte Deine Hand fassen oder meine Brust an die Deinige legen und Dir sagen:

„Siehe hier ein Herz, von Vielen verkannt, von Vielen verhöhnt, weil es in den goldenen Träumen der Fantasie unbekümmert schwelgte, und die Anforderungen des bürgerlichen Lebens gering schätzte! Siehe hier ein Herz, in welches das Schicksal und der Haß der Menschen tiefe Wunden eingeschnitten hat, und das schon lange auf einen barmherzigen Samariter vergebens hofft, der es heile und wärme. Und dennoch liebt es die, so ihm wehe gethan haben, und möchte sie Alle an sich drücken. – O es gehe euch Allen wohl, ihr Menschen!

---

[60] Hesperus, oder 45 Hundsposttage. Eine Biographie (Roman) von Jean Paul (1795)

nehmt für euch alle Blüthen und Blumen aus dem Garten des Lebens, nehmt sie, und wenn auch mir kein Blatt bliebe! –" (...)[61]

Auf strikte **Ablehnung** stieß Hoffmanns Werk jedoch im **klassischen Weimar**, bemerkbar in der ablehnenden Rezension in der von Goethe inspirierten **„Jenaischen Allgemeinen Literatur-Zeitung vom Jahre 1815**. Zwölfter Jahrgang. Vierter Band. Num. 232, Sp. 417-422" durch den Kritiker **Chr. Sigm. Krause** (Phantasiestücke in Callots Manier). Krause charakterisiert Hoffmann in folgender Weise: „Eine lebhafte, jedoch immer flache Auffassung des trivialen Lebens, ein biegsames, besonders durch Musik gerührtes Gemüt, eine bunte, spielende Phantasie und ein überschwenglicher Reichtum an Reminiszenzen, diese ganz guten Gaben werden durch unerträgliche Arroganz verderbt, welche sofort und überall wider die Künstlerweihe zeugt, die Jean Paul ihm ausspricht, aber die Flachheit und Geschraubtheit seines Geistes, der durchgängige Mangel an Verstand durchaus ihm versagen."

Nachdem **Goethe** die vierbändige Auswahl von Übersetzungen deutscher Dichter ins Englische durch den englischen Schriftsteller Thomas Carlyle (German romance), darin Hoffmanns The Golden Pot, gelesen hatte, schreibt er unter dem **21. Mai 1827** in sein Tagebuch: „Hoffmanns Leben. Den goldnen Becher angefangen zu lesen. Bekam mir schlecht; ich verwünschte die goldnen Schlängelein."[62]

Noch krasser kommt Goethes Ablehnung des hoffmannschen Geistes in seiner **Rezension eines Essays von Walter Scott** zur deutschen Dichtung zum Ausdruck; **Goethe** führt darin aus:

In dem ersten Aufsatz, überschrieben: On the Supernatural in Fictitious Composition[s], welches wir übersetzen möchten: das Übernatürliche in fabelhaften Erzählungen, hat er [der ungenannte Verfasser war Walter Scott] von den Werken unseres Hoffmann den Anlaß genommen,

---

[61] Briefwechsel III, S.61-65
[62] Aufzeichnungen, S. 744

seine Gedanken auszusprechen. Statt aller Definition und Erklärung trägt er eine kurze Geschichte vor, wodurch das Natürlich-Wahre des Ahnungsvollen und Schauderhaften vor den Geist gebracht wird; sodann zeigt er, wie von hier an die Einbildungskraft immer vorschreite, bis sie endlich, wenn sie keine höhere bändigende Kraft anerkennt, sich ganz und gar ins Falsche verliert, das Gräßliche, Schreckliche ins Unnatürliche und Unmögliche steigert und zuletzt ganz und gar Unerträgliches hervorbringt. Der Verfasser dieses Aufsatzes hat eine eigene Art von Kritik; es ist dieselbe, welche das Tageslicht ausübt, indem es die Gegenstände aller Art mit einer heitern Gleichgültigkeit beleuchtet und sie eben dadurch jedem Urtheil offenbar vorlegt. Hoffmanns talentreiches Naturell weiß er anzuerkennen, er begleitet ihn durch alle krankhaften Verirrungen mit freundlichem Bedauern bis zu den krampfhaften Äußerungen eines vorzüglichen, auf den Tod gefolterten Wesens, wo er zuletzt auszurufen gedrungen ist: „Wir müssen uns von diesen Rasereien lossagen, wenn wir nicht selbst toll werden wollen.“ (...)

(...) Wir können den reichen Inhalt dieses Artikels unseren Lesern nicht genugsam empfehlen: denn welcher treue, für Nationalbildung besorgte Theilnehmer hat nicht mit Trauer gesehen, daß die krankhaften Werke des leidenden Mannes lange Jahre in Deutschland wirksam gewesen und solche Verirrung als bedeutend-fördernde Neuigkeiten gesunden Gemüthern eingeimpft worden. Wir wollen noch einige gelegentliche Betrachtungen hinzufügen.[63]

---

[63] desgl., S. 745-47

Carl Friedrich Kunz:
Zum Titel ›Callots Manier‹

(1835) [...] Nun ward über den Titel berathschlagt, der anfänglich: ›Bilder nach Hogarth‹ heißen sollte, aber bald aus dem Grunde verworfen ward, weil nicht alle Aufsätze den Titel rechtfertigten.

Mir fiel, da mit einem Künstler-Namen der Titel nun einmal geschmückt werden sollte, Callot ein, dessen vollständiges Werk ich in meinen Jugendjahren zu Leipzig in der berühmten Bretzner'schen Kupferstichsammlung hatte kennen lernen. Ich machte Hoffmann darauf aufmerksam, der aber bisher wenig oder nichts von Callot gesehen hatte, noch wußte, und bestimmte ihn, die ziemlich zahlreichen Callot'schen Blätter, welche sich, obwohl nicht in den besten Abdrücken, in der hiesigen von Stengel'schen Sammlung befanden, anzusehen.
Nach deren Besichtigung kehrte Hoffmann voll Enthusiasmus und Entzücken über den Meister zurück und entwarf sogleich den die Phantasiestücke eröffnenden Aufsatz ›Jaques Callot‹, und der Entschluß stand fest, das Buch ›Phantasiestücke in Callot's Manier‹ zu nennen.

(Carl Friedrich Kunz: »Supplemente« über den Titel ›Callots Manier‹ 1835. Zitiert nach: E.T.A. Hoffmann in Aufzeichnungen seiner Freunde und Bekannten, Winkler, München 1974, S. 224/225, Ausschnitt)

Wort- und Sacherklärungen

(Seiten- und Zeilenverweise nach der Reclamausgabe)

S. 5: Vigilie. – Nachtwache; römische Bezeichnung des 4. Teiles der Nacht. Ähnliche Kapitelbezeichnungen auch bei Jean Paul (Stationen, Jobelperioden, Zyklen etc.). Assoziation zu dem 1804 erschienenen Roman „Nachtwachen. Von Bonaventura"

S. 5, Z. 2/3: Schwarzes Tor. – Tor im Nordwesten der Dresdener Neustadt, 1812 abgebrochen, führte zu dem außerhalb liegenden Linkischen Bade (beliebter Ausflugsort)

S. 8, Z. 5: Bohnekönig. – Bohnenfest am Dreikönigstag (6. Januar). In den „Königskuchen" wurde eine Bohne eingebacken, wer sie bekam, wurde Bohnenkönig und konnte für einen Tag Huldigungen entgegennehmen und Befehle erteilen

S. 8, Z. 11: Kümmeltürke. – akad. Ausdruck für einen am Wohnort der Eltern Studierenden und auf diese Weise in seiner akad. Freiheit Begrenzten

S. 8, Z. 23: Laminge. – Lemminge: skand. Wühlmäuse, die weite Wanderungen unternehmen und sich durch Hindernisse nicht von der eingeschlagenen Richtung abbringen lassen

S. 9, Z. 26: Markör. – Kellner, Aufseher beim Billard

S. 10, Z. 8: Donauweibchen. – Das Donauweibchen (1799), Oper von Ferdinand Kauer (1751-1831)

S. 16, Z. 16/17: bei dem Koselschen Garten. – War an der Elbe in der Neustadt gegenüber von Antons Garten gelegen

S. 21, Z. 1: salva venia. – Lat.: mit Verlaub

S. 21, Z. 1/2: wie ein berühmter ... Gelehrter ...: Friedrich Nicolai (gest. 6. 1. 1811) in: „Beispiel einer Erscheinung mehrerer Phantasmen" in: Neue Berliner Monatsschrift, Bd. 1, 1799. Von Goethe in der Walpurgisnacht im Faust persifliert

S. 21, Z. 27: Kapellmeister Graun: Karl Heinrich Graun (1701-59), seit 1740 Kapellmeister in Berlin. Komponist u. Kapellmeister Friedrichs des Großen

S. 25, Z. 19/20: Conradis Laden. – Konditorei in der Schloßgasse

S. 30, Z. 18: Nekromant. – Zauberer

S. 47, Z. 13:	Cicero de Officiis. – Marcus Tullius Cicero (106-43 a. Chr.), röm. Staatsmann und Schriftsteller. De officiis = Von den Pflichten
S. 49, Z. 3/4:	Alräunchen.– Menschenähnliche Mandragorawurzel, der im Volksaberglauben besondere Zauberkraft zugesprochen wird
S. 52, Z. 3:	Seetor. – Tor am Ausgang der Seegasse, 1821 abgebrochen
S. 55, Z. 4:	Auripigment.– Ätzmittel, aus Arsen und Schwefel gewonnen
S. 74, Z. 2:	Höllenbreughel.– Pieter Breughel (um 1564-1637), holl. Maler, Spuk-, Räuber- und Höllenszenen, groteske Gestaltung
S. 80, Z. 12:	Bhogovotgitas Meister.– Bhagavad-Gita: Lehrgedicht aus dem indischen Nationalepos Mahabharata. Friedr. Schlegel hatte in seiner Schrift „Über die Sprache und Weisheit der Inder“ (1808) darüber berichtet
S. 93, Z. 15:	Pirnaer Tor.– Am Pirnaischen Platz, 1820 abgebr.
S. 93, Z. 19:	Amice.– Lat.: Freund
S. 98, Z. 25:	Cousin Germain.– Franz.: Leiblicher Vetter
S. 105, Z. 27:	Gaudeamus igitur.– altes Studentenlied. Lat.: Darum laßt uns fröhlich sein
S. 99, Z. 15:	pereat.– Lat.: Nieder mit ihr
S.109,Z.10/11:	Wechselbalg.– Germanischer u. keltischer Aberglaube: ein von bösen Geistern untergeschobenes verunstaltetes Baby
S. 112, Z. 10:	Douceur.– Franz.: Süßigkeit, Liebenswürdigkeit, hier: Geschenk
S. 115, Z. 2/3:	mente captus.– Lat.: des Verstandes beraubt
S. 116, Z. 6/7:	apage Satanas.– Lat.: hinweg, Satan!
S.116,Z.29/30:	Sonntagskind - Schwestern von Prag.– Singspiele

	von Wenzel Müller (1767-1835): „Das Sonntagskind“, „Die zwei Schwestern von Prag“
S. 117, Z. 23:	cum nomine et sigillo principis. – Lat.: mit Namen und Siegel des Fürsten
S. 121, Z. 24:	Malum. – Lat.: Übel
S. 124, Z. 29:	Gabalis und Swedenborg. – Abbé Villars de Montfaucon gab 1670 die Schrift „Le comte de Gabalis ou Entretiens des sciences secrètes“ heraus, die sich mit den Elementargeistern und ihrem Verhältnis zum Menschen befaßt. 1782 in dt. Sprache - Emanuel Swedenborg (1688-1772), schw. Naturforscher und Philosoph. Kant richtete seine polemische Schrift „Träume eines Geistersehers“ (1766) gegen ihn
S. 125, Z. 20:	p.t. – Lat.: Abkürzung für pro tempore: einstweilen

Texte: 9: 237 7: 220 1: 281

Interpretierende Inhaltsangabe: DER GOLDENE TOPF

(mitte 6. Vigilie erwähnt)

Erste Vigilie

Bereits der Beginn der Erzählung läßt von der Komplexität und Vielschichtigkeit der Hoffmannschen Erzählweise ahnen. Der Titel signalisiert Alltägliches und Märchenhaftes zugleich, das wird durch den Untertitel ‚Ein Märchen aus der neuen Zeit' bestätigt, wenngleich die zeitliche Fixierung auf die ‚neue' Zeit wiederum stutzig macht, denn dem Genre ‚Märchen' haftet vom Ursprung etwas Archaisches, dem Dunkel der Vorzeit Entwachsenes an.

Daß die Geschichte in ‚Vigilien' – einfach übersetzt in Nachtwachen, was an den zeitgenössischen Roman ‚Nachtwachen von Bonaventura' erinnert, genauer aber das Nachtoffizium innerhalb des mönchischen Stundengebetes bedeutet – eingeteilt ist, verleiht der Erzählung den Charakter des Geheimnisvollen. Der Autor suggeriert, die einzelnen Kapitel der Erzählung während solcher Nachtwachen geschrieben zu haben.

Die in Jean-Paulscher Manier den Vigilien vorangestellten deutenden und richtungweisenden, den Gehalt der Vigilien komprimierenden Inhaltsangaben verleihen der Erzählung insgesamt und zugleich den Einzelvigilien einen ‚auktorialen' Erzählmodus. ‚Auktorial' umschreibt dabei den Standort des Erzählers der Geschichte, von dem ein Vorauswissen von dem Geschehnisablauf und den inneren Vorgängen seiner Erzählfiguren angenommen werden darf. In den stichwortartigen aber dennoch komplexen Hinweisen der Inhaltsangaben treten ‚Realverhältnisse' und ‚Realgestalten' unversehens in Verbindung mit der Geisterwelt, dem Märchenhaften; man könnte auch sagen: das Triviale läßt das Wunderbare durch sich hindurch sichtbar werden.

Um die Überraschung des Rezipienten zu steigern, beginnt die eigentliche Erzählung in der Manier einer streng realistischen, topographisch genau fixierten Zeichnung und erfüllt somit zunächst die Erwartung einer ‚auktorialen' Erzählhaltung in keiner Weise. Der nicht ins Bild tretende Erzähler beginnt die Erzählung in der ‚Er-Form' und wählt die Erzählperspektive der ‚Außensicht', in der die Geschehnisse des Helden und ohne wesentliche Anteilnahme des Helden ablaufen. Insofern wählt der Erzähler viel eher ein ‚neutrales' Erzählverhalten.

Ein junger Mann rennt am Himmelfahrtstage durch Dresden, am sogenannten Schwarzen Tor gerät er unversehens in einen Korb mit Äpfeln, die ein altes häßliches Weib feilbietet. Obgleich bereits hier ein Märchentopos, das alte Apfelweib, eingeführt wird, berichtet der Erzähler scheinbar streng neutral lediglich von den Geschehnissen, der Reaktion der Apfelfrau von den Passanten und den Straßenjungen, die sich um die umherrollenden Äpfel balgen. In seiner Verwirrung und in seinem Schrecken wirft der Student der Alten seinen ganzen Geldbeutel hin. Das dennoch veranstaltete Geschrei der Alten: „Ja, renne – renne nur zu, Satanskind – ins Kristall bald dein Fall – ins Kristall!"[64] wirkt nicht allein des Binnenreims suggestiv-schauerlich, sondern vor allem wegen seines märchenhaften Rätselcharakters. Der bis dahin neutrale Erzählstandpunkt des Erzählers wird modifiziert, indem er vom Grausen, das in dem Studenten Anselmus aufsteigt, berichtet. Des Erzählers Charakteristik des Studenten, die sich aus der Darstellung des äußeren Erscheinungsbildes ergibt, die insgesamt ein Spiegel des Inneren ist, entlarvt einen Zug zum Grotesken, indem Inadäquates in einer Person zu einer Einheit zusammengenommen wird.

Der auktoriale Erzählmodus drängt nun immer deutlicher hervor, die Erzählhaltung pendelt von jetzt an zwischen neutraler und auktorialer hin und her: „denn noch immer sah er die Äpfel und Kuchen um sich tanzen, und jeder freundliche Blick dieses oder jenes Mädchens

---

[64] Reclam, S. 5

war ihm nur ein Reflex des schadenfrohen Gelächters am Schwarzen Tor..." „Die Tränen wären dem armen Studenten beinahe in die Augen getreten ..."[65]

Statt den Himmelfahrtstag bei Kaffee und Rum genießen zu können – dies alles weiß der Erzähler nun über die Absichten und Pläne zu berichten – steuert der arme Student allein und ohne Barschaft auf ein ‚freundliches Rasenplätzchen'[66] an der Elbe zu, um dort seinem trüben Geschick nachzutrauern. Nachdem er seine Pfeife – von Hoffmann natürlich als ein Attribut des Pfahlbürgers gemeint – mit dem Gesundheitskanaster seines Freundes, des Konrektors Paulmann, gestopft hat, beklagt er sein Schicksal als Outsider und Unglücksfigur, der sich wunderlich und tollpatschig in der sogenannten Alltagswelt ausnimmt und dem jegliche alltägliche Verrichtung auf verhexte und skurrile Weise mißlingt. Anselmus aber projiziert den Grund für all sein Unglück nach außen. Er fühlt sich unter einem Unstern und gaukelt sich die Möglichkeit eines erfolgreichen und bei den Mädchen beliebten Galans vor.

An jener Stelle, wo der Student seine Pfeife mit dem Paulmannschen Sanitätskanaster gestopft hat, bricht die märchenhafte Welt des Wunderbaren vollends in die Erzählung ein: „Da fing es an zu flüstern und zu lispeln, und es war, als ertönten die Blüten wie aufgehangene Kristallglöckchen. Anselmus horchte und horchte. Da wurde, er wußte selbst nicht wie, das Gelispel und Geflüster und Geklingel zu leisen halbverwehten Worten."[67]

Anselmus glaubt zunächst an eine Sinnestäuschung und führt die märchenhaft-irrealen Geschehnisse auf Realbegebnisse und Realursachen zurück. Das Kristall-Motiv taucht in diesem Zusammenhang chiffrenhaft wieder auf. Das akustische Phänomen des kristallenen

---

[65] Reclam, S. 7
[66] Reclam, S. 7
[67] Reclam, S. 10

Glockentons vermengt sich mit dem optischen Eindruck der drei in grünem Gold erglänzenden Schlänglein, die sich um die Zweige eines Holunderbusches gewunden hatten. Der Märchentopos von den drei Schlangen sowie das Glücks- und Zaubermotiv des Goldes schimmern durch jene Bilder hindurch; zugleich ergibt sich plötzlich die ganze Natur belebt und anthropomorph. Daß in dem ‚Sehnsuchtsmotiv' zu einem dieser drei Schlänglein ein erotischer Zug verborgen liegt, erstaunt nicht, aber in dem Bild der erotischen Anziehung steckt zugleich ein naturwissenschaftliches Phänomen, nämlich das Hoffmann stark interessierende Motiv des Magnetismus. Die Natur verwandelt sich im Erlebnis des Anselmus in märchenhaft-erotischer Verzauberung, indem sie dennoch die Konturen der vertrauten Realwelt bewahrt. Dieses Ineinander von Real- und Zauberwelt, das sich hier in der ersten Vigilie aus einem neutralen Erzählmoment zu Beginn der Geschichte entwickelt, um dann in der Erzählhaltung des Erzählers ständig zu wechseln, ist symptomatisch für Hoffmanns Erzählweise überhaupt.

Zweite Vigilie

Nachdem wir in der ersten Vigilie Ansätze zu einer Deutung der Erzählmanier Hoffmanns gegeben haben und auf wichtige Motive und Symbole hingewiesen haben, werden wir uns von der zweiten Vigilie an stärker auf das reine Geschehen beschränken.

Der unvermittelte Einbruch des Wunderbaren in die Welt des Anselmus läßt diesen für die Alltagsmenschen mit ihrer prosaischen Sicht als entweder betrunken oder wahnwitzig erscheinen. Und so geschieht es dann auch, daß die ehrbare Bürgerfamilie, auf einem feiertäglichen Spaziergang begriffen, den Anselmus für wahnsinnig oder betrunken hält, denn Anselmus „hatte nämlich den Stamm des Holunderbaumes umfaßt und rief unaufhörlich in die Zweige und Blätter hinein: ‚O nur noch einmal blinket und leuchtet, ihr lieblichen goldnen

Schlänglein, nur noch einmal laßt eure Glockenstimme hören! Nur noch einmal blicket mich an, ihr holdseligen blauen Augen, nur noch einmal, ich muß ja sonst vergehen in Schmerz und heißer Sehnsucht!' Und dabei seufzte und ächzte er aus der tiefsten Brust recht kläglich, und schüttelte vor Verlangen und Ungeduld den Holunderbaum, der aber statt aller Antwort nur ganz dumpf und unvernehmlich mit den Blättern rauschte und so den Schmerz des Studenten Anselmus ordentlich zu verhöhnen schien.[68] Dem Studenten schien es, als tauche er aus einem tiefen Traum wieder in die normale Alltagswelt, als er auf die eindringlichen Vorhaltungen der Bürgersleute schließlich wieder in die Normalwelt zurückfand. Er schämte sich schrecklich vor den biederen Bürgersleuten und wollte sich eiligst davonmachen und „alles er Wunderbares gesehen, war ihm rein aus dem Gedächtnis geschwunden, und er besann sich nur, daß er unter dem Holunderbaum allerlei tolles Zeug ganz laut geschwatzt..."[69]

Sehr weit kam er nicht, denn sein Freund, der Konrektor Paulmann mit seinen Töchtern, rief ihn an und Anselmus blieb in Erwartung neuen Unglücks wie angewurzelt stehen. Der Konrektor mit seinen Töchtern sowie dessen Freund, der Registrator Heerbrand, schickten sich gerade an, mit einem Kahn die Elbe zu überqueren und luden Anselmus zu dieser Überfahrt ein. Mitten auf dem Wasser trifft den Anselmus erneut ein Wahnsinnsanfall, der ihn bald das Leben gekostet hätte. Ein Feuerwerk wurde auf dem der Fahrt zugekehrten Ufer der Elbe abgebrannt, in dessen Funken der Studiosus die Augen der grünen Schlänglein aufblitzen sieht, im Elbwasser sich spiegelnd. Der Schiffer konnte den Anselmus nur mit Mühe von einem Sprung in das Wasser zurückhalten. Alle anwesenden Freunde und Bekannten des Anselmus beginnen an seinem Verstand zu zweifeln, außer Veronika, der Tochter Paulmanns, die dem Anselmus heimlich und manchmal auch weniger heimlich zugetan ist. Für den Studenten ist folgender Satz

---

[68] Reclam, S. 14

[69] Reclam, S. 16

aus dem Märchen von besonderer Bedeutung: „Dem Studenten Anselmus vergingen beinahe die Sinne, denn in seinem Innern erhob sich ein toller Zwiespalt, den er vergebens beschwichtigen wollte.“[70] Alle Dinge um ihn her zeigen sich in einer fatalen Duplizität, als vom Alltag geprägt und zugleich vom Märchenhaften und Wunderbaren durchdrungen. Die schönen ‚dunkelblauen Augen‘ der grünen Schlänglein erscheinen diejenigen der hübschen Veronika zu sein. In den Überlegungen Paulmanns und Heerbrands, wie dem Studenten Anselmus zu helfen sei, tauchen die spießbürgerlichsten Gedanken auf. Paulmann äußert sich in derart dümmlicher Weise: „man hat wohl Beispiele, daß oft gewisse Fantasmata dem Menschen vorkommen und ihn ordentlich ängstigen und quälen können, das ist aber körperliche Krankheit, und es helfen Blutegel, die man, salva venia, dem Hintern appliziert.“[71]

Gegen Ende der Vigilie berichtet der Registrator von einem „alten wunderlichen merkwürdigen Mann“, der sich den Wissenschaften, vor allem den okkulten, verschrieben hat, der zugleich als Antiquar und Archivarius auftritt. Dieser merkwürdige Alte sei ständig auf der Suche nach Kopisten, die in der Lage seien, alte exotische Hieroglyphen abzuzeichnen gegen das honorige Entgelt eines Speziestalers per Tag. Diese Arbeit empfiehlt er dem Anselmus, da er ihn für einen adäquaten poetischen Wirrkopf hält. Nur müsse er jeweils von alten Originalen kopieren, auf die bei Gott kein Tintenklecks fallen dürfe, denn falle ein solcher auf das Original, „so ist der Herr Archivarius imstande, Sie zum Fenster hinauszuwerfen, denn es ist ein zorniger Mann.“[72]

Anderntags punkt zwölf Uhr, wie der Archivarius hatte verlauten lassen, stand Anselmus vor dessen Haustür. „Da stand er und schaute den großen schönen bronzenen Türklopfer an; aber als er

[70] Reclam, S. 18
[71] Reclam, S. 20/21
[72] Reclam, S. 23

nun auf den letzten die Luft mit mächtigem Klange durchbebenden Schlag der Turm-Uhr an der Kreuzkirche den Türklopfer ergreifen wollte, da verzog sich das metallene Gesicht im ekelhaften Spiel blauglühender Lichtblicke zum grinsenden Lächeln. Ach! es war ja das Apfelweib vom Schwarzen Tor! Die spitzigen Zähne klapperten in dem schlaffen Maule zusammen, und in dem Klappern schnarrte es: ‚Du Narre – Narre – Narre – warte, warte warum warst hinausgerannt! Narre!' – Entsetzt taumelte der Student Anselmus zurück, er wollte den Türpfosten ergreifen, aber seine Hand erfaßte die Klingelschnur und zog sie an, da läutete es stärker und stärker in gellenden Mißtönen, und durch das ganze öde Haus rief und spottete der Widerhall: ‚Bald dein Fall ins Kristall!'"[73]

Dem Anselmus vergingen vor Schreck all dieser grauslichen Ereignisse die Sinne. Als er wieder zu sich kam, lag er in seinem ‚dürftigen Bettlein' und der Konrektor Paulmann stand vor ihm und sprach: „Was treiben Sie denn um Himmelswillen für tolles Zeug, lieber Herr Anselmus!"[74]

Dritte Vigilie

In der dritten Vigilie wendet Hoffmann einen poetisch höchst effektvollen Kunstgriff an, indem er die Vigilie mit einer zunächst verblüffenden und scheinbar völlig inadäquaten Geschichte beginnt. Erzählt wird ein naturwissenschaftlicher Mythos, der seine Rätselhaftigkeit nach und nach im Verlauf der Erzählung entschleiert und somit erst retrospektiv verständlich wird. Das Ganze liest sich wie eine geheimnisvoll märchenhafte Kosmogonie, stellenweise durchaus an den biblischen Schöpfungsmythos erinnernd: „Der Geist schaute auf das Wasser, da bewegte es sich und brauste in schäumenden Wogen,

---

[73] Reclam, S. 24/25
[74] Reclam, S. 25

und stürzte sich donnernd in die Abgründe, die ihre schwarzen Rachen aufsperrten, es gierig zu verschlingen."[75] Es mischen sich aber auch eschatologische Bilder und Vorstellungen in diesen Mythos. Bald erkennt man jedoch, daß es sich um einen Sonnen- und Feuermythos handelt, der sich um die Symbole 'Sonne' und 'Feuerlilie' zentriert, denen weitere Feuersymbloe entgegengesetzt werden: „Phosphorus" und der den Metallen verschwisterte 'Drachen'. Die ursprünglich eine Einheit abgebenden Urphänomene haben sich freilich in einer Art von Urfehde gespalten und sind Antagonisten geworden. So stehen sich Feuerlilie und Phosphorus einerseits in erotischer Sehnsucht als die beiden lebensspendenden Prinzipien gegenüber, in der Vereinigung freilich lauert die Gefahr der Zerstörung. Der 'Drache' wird von vornherein als das destruktive, negierende und dämonisch böse Gegenmoment bezeichnet, denn der Mythos wird von niemand anderem als dem Archivarius Lindhorst in einem Kaffeehaus bei einem Glase Bier dem Konrektor Paulmann und dem Registrator Heerbrand vorgetragen. Der Registrator reagiert auch völlig erwartungsgemäß, indem er ausruft: „Erlauben Sie, das ist orientalischer Schwulst, werter Herr Archivarius! ... wir baten denn doch, Sie sollten, wie Sie sonst wohl zu tun pflegen, uns etwas aus Ihrem höchst merkwürdigen Leben, etwas von Ihren Reise-Abenteuern, und zwar etwas Wahrhaftiges, erzählen." – „Nun was denn", erwiderte der Archivarius Lindhorst: „das, was ich soeben erzählt, ist das Wahrhaftigste, was ich euch auftischen kann, ihr Leute, und gehört in gewisser Art auch zu meinem Leben. Denn ich stammen eben aus jenem Tale her, und die Feuerlilie, die zuletzt als Königin herrschte, ist meine Ur – ur – ur – ur – Großmutter, weshalb ich auch eigentlich ein Prinz bin."[76] Im Fortgang der Geschichte des Archivarius Lindhorst (der Name deutet dies bereits an) erfahren dann die ungläubigen und tölpelhaften Zuhörer, daß des Archivarius Bruder sich auf

[75] Reclam, S. 26

[76] Reclam, S. 28/29

die schlechte Seite geschlagen habe und unter die Drachen gegangen sei. Die Ambiguität, der Zwiespalt, der Riß geht also nicht nur durch die Schöpfungsgeschichte und die Natur, sondern auch durch die Familie des Archivarius. Alle Zuhörer der Geschichte werden zu Lachsalven gereizt durch diese merkwürdigen Erzählungen, nur dem Studenten Anselmus, der auch zugegen ist, um dem Archivarius vorgestellt zu werden als möglicher Abschreiber der seltsamen Handschriften, wurde ganz unheimlich zu Mute, „und er konnte den Archivarius Lindhorst kaum in die starren ernsten Augen sehen, ohne innerlich auf eine ihm selbst unbegreifliche Weise zu erbeben. Zumal hatte die rauhe, aber sonderbar metallartig tönende Stimme des Archivarius Lindhorst für ihn etwas geheimnisvoll Eindringendes, daß er Mark und Bein erzittern fühlte." [77)]

In einer kurzen Rückblende erfahren wir, wie es dem Studenten Anselmus an der Haustür des Archivarius ergangen war, nachdem er den Türklopfer sich verwandeln sah und an der Klingel gezogen hatte. Der Konrektor war wie zufällig just in eben diesem Moment durch die Straße gegangen, als Anselmus ganz von Sinnen vor der Haustür lag, „und ein altes Weib, das ihren Kuchen- und Äpfelkorb beiseite gesetzt, um ihn beschäftigt war. Der Konrektor Paulmann hatte sogleich eine Portechaise herbeigerufen und ihn so nach Hause transportiert. ‚Mag man von mir denken, was man will', sagte der Student Anselmus, man mag mich für einen Narren halten oder nicht – genug! – an dem Türklopfer grinste mir das vermaledeite Gesicht der Hexe vom Schwarzen Tore entgegen; was nachher geschah, davon will ich lieber gar nicht reden, aber wäre ich aus meiner Ohnmacht erwacht und hätte das verwünschte Apfelweib vor mir gesehen (denn niemand anders war doch das alte um mich beschäftigte Weib), mich hätte augenblicklich der Schlag gerührt, oder ich wäre wahnsinnig geworden.'" [78)]

[77)] Reclam, S. 30/31

[78)] Reclam, S. 31

Letztendlich jedoch kam der Student Anselmus zu einer, wenn auch vonseiten des Archivarius wenig freundlichen Verabredung, als Kopist bei ihm tätig zu werden und Anselmus nahm sich fest vor, auch gegen den Widerstand des Apfelweibes, punkt zwölf Uhr mittags des nächsten Tages an der Tür des Archivarius zu sein.

Vierte Vigilie

Die vierte Vigilie beginnt der Dichter wiederum mit einem poetisch unerhört wirksamen Kunstgriff, indem er sich in appellativer Leseranrede an den Rezipienten der Erzählung wendet und diesem sozusagen seine Kunsttheorie expliziert, wie er das bereits im Vorkapitel der Sammlung „Fantasiestücke in Callots Manier", in der sich das Märchen vom Goldnen Topf befindet, vorgetragen hat, er führt dort über den lothringischen Kupferstecher Callot aus: „(seine Kunst geht) auch eigentlich über die Regeln der Malerei hinaus, oder vielmehr seine Zeichnungen sind nur Reflexe aller fantastischen wunderlichen Erscheinungen, die der Zauber seiner überregen Fantasie hervorrief. Denn selbst in seinen aus dem Leben genommenen Darstellungen ... ist es eine lebensvolle Physiognomie ganz eigener Art, die seinen Figuren, seinen Gruppen – ich möchte sagen etwas fremdartig Bekanntes gibt. – Selbst das Gemeinste aus dem Alltagsleben – sein Bauerntanz, zu dem Musikanten aufspielen, die wie Vöglein in den Bäumen sitzen, – erscheint in dem Schimmer einer gewissen romantischen Originalität, so daß das dem Fantastischen hingegebene Gemüt auf eine wunderbare Weise davon angesprochen wird." [79]

Zu Beginn der vierten Vigilie spricht der Autor den Leser unter anderem in der Weise an: „Überhaupt wünschte ich, es wäre mir schon jetzt gelungen, dir, geneigter Leser! den Studenten Anselmus recht lebhaft vor Augen zu bringen. Denn in der Tat, ich habe in den Nachtwachen, die ich dazu verwende, seine höchst sonderbare Geschichte

[79] Werke, Fantasie- und Nachtstücke, S.12

aufzuschreiben, noch so viel Wunderliches, das wie eine spukhafte Erscheinung das alltägliche Leben ganz gewöhnlicher Menschen ins Blaue hinausrückte, zu erzählen, daß mir bange ist, du werdest am Ende weder an den Studenten Anselmus, noch an den Archivarius Lindhorst glauben, ja wohl gar einige ungerechte Zweifel gegen den Konrektor Paulmann und den Registrator Heerbrand hegen, unerachtet wenigstens die letztgenannten achtbaren Männer noch jetzt in Dresden umherwandeln... versuche es, geneigter Leser! die bekannten Gestalten, wie sie täglich, wie man zu sagen pflegt im gemeinen Leben, um dich herwandeln wiederzuerkennen. Du wirst dann glauben, daß dir jenes herrliche Reich viel näher liege, als du sonst wohl meintest, welches ich nun eben recht herzlich wünsche, und dir in der seltsamen Geschichte des Studenten Anselmus anzudeuten strebe.“ [80)]

Der Student Anselmus war nach seiner Begegnung mit dem Archivarius in ein ‚träumerisches Hinbrüten, das ihn für jede äußere Berührung des gewöhnlichen Lebens unempfindlich machte‘ [81)] verfallen. Am liebsten schweifte er allein und einsam durch Wälder und Wiesen und bald, das konnte gar nicht ausbleiben, fand er sich wieder unter jenem Holunderbusch ein, der ihm das wunderbare Erlebnis der grünen Schlangen vermittelt hatte. Und sogleich war es ihm so, ‚als sähe er es zum zweiten Mal‘. Die Erlebnisse wiederholen sich und sie gleichen denen vom Himmelfahrtstage: ‚Als er dieses wieder einmal nach gewöhnlicher Weise trieb, stand plötzlich ein langer hagerer Mann in einen weiten lichtgrauen Überrock gehüllt, vor ihm und rief, indem er ihn mit seinen großen feurigen Augen anblitzte‘ [82)]. Dieser Mann war niemand anders als der Archivarius Lindhorst, der sich nun als der Vater jener drei Schlänglein zu erkennen gab, die in Wirklichkeit drei wunderschöne Mädchen sind. In diejenige mit den dunkelblauen

---

80) Reclam, S. 35/36

81) Reclam, S. 36

82) Reclam, S. 38

Augen, Serpentina mit Namen, hatte sich der Student unsterblich verliebt. Der Archivarius, der Archivarius und Nekromant zugleich ist, wußte natürlich von Anfang an um diese Zuneigung. Nun läßt er den Anselmus in einen Ring, den er am Finger trägt, schauen und dort erblickte Anselmus das Wunderbild der drei Schlänglein: ‚und die Strahlen verspannen sich zum hellen leuchtenden Kristallspiegel, in dem in mancherlei Windungen, bald einander fliehend, bald sich ineinander schlingend, die drei goldgrünen Schlänglein tanzten und hüpften. Und wenn die schlanken in tausend Funken blitzenden Leiber sich berührten, da erklangen herrliche Akkorde wie Kristallglocken, und die mittelste streckte wie voll Sehnsucht und Verlangen das Köpfchen zum Spiegel heraus ...‘ [83]

Anselmus beichtet dem Archivarius, warum er, trotz seiner guten Vorsätze, immer noch nicht zum Kopieren der exotischen Handschriften erschienen sei. Er berichtet von seiner unüberwindlichen Furcht vor jenem alten Apfelweib, das sich in des Archivarius Türklopfer verwandelt habe und ihn höllisch angrinse. Der Archivarius übergibt dem Studenten einen Liquor, den er dem Türklopfer übergießen solle, dann sei schon alles gut. Nach ihrer Unterredung verschwindet der Archivarius in eiligen Schritten und in der Ferne hebt er sich vor des erstaunten Anselmus Augen wie ein Geier in die Lüfte und entschwindet in den Wolken.

Fünfte Vigilie

Die fünfte Vigilie führt den Leser in das Milieu der Philister, sie begibt sich im Hause des Konrektors Paulmann, der dem Registrator und seinen Töchtern gegenüber seinen Klagen über seinen Freund, den Studenten Anselmus, freien Lauf läßt. Der Registrator freilich kann den Konrektor schnell beschwichtigen, indem er von den Lobsprüchen des Archivarius Lindhorst über den Anselmus berichtet und dessen

---

[83] Reclam, S. 40/41

Meinung, der Anselmus könne es noch zu etwas Bedeutendem bringen. Der Registrator malt eine Hofratskarriere des Anselmus aus. Dies verzaubert die verliebte Veronika vollends, im Geiste sieht sie sich bereits als Frau Hofrätin und ihre karrieresüchtige Einstellung wird unverhohlen deutlich.

Anselmus, der im selben Augenblick zur Tür hereintritt, verstärkt zu diesem Zeitpunkt infolge seines forschen Auftretens und seiner galanten Haltung Veronika gegenüber deren Meinung. Veronikas euphorische Stimmung verschwindet jedoch schnell, da plötzlich ein kleines graus Männchen, das sich hinter der Kaffeekanne verborgen gehalten hatte, recht höhnisch lachte und sprach: ‚Das ist ja alles recht dummes ordinäres Zeug und noch dazu erlogen, denn der Anselmus wird nimmermehr Hofrat und dein Mann; er liebt dich ja nicht, unerachtet du blaue Augen hast und einen schlanken Wuchs und eine feine Hand‘. „Da goß sich ein Eisstrom durch Veronikas Inneres, und ein tiefes Entsetzen vernichtete die Behaglichkeit, mit der sie sich nur noch erst im Spitzenhäubchen und den eleganten Ohrringen gesehen.“[84] Erstaunlich ist, daß eben die Pfahlbürger und Philister nicht so einfältig gezeichnet werden, daß sie von der Geisterwelt überhaupt nichts verspürten, in gewissem Grade bricht auch in ihre Alltagswelt und in ihr triviales und ordinäres Alltagsdenken das Wunderbare – wenn auch nur gespenstisch verfratzt – hinein.

Bald kommen einige Freundinnen zu Veronikas Kaffeeklatsch, von ihnen erfährt sie von der Existenz einer alten Hellseherin und Wahrsagerin in ihrem Ort. Veronika beschließt insgeheim sogleich, diese bei passender Gelegenheit aufzusuchen, um sich die Zukunft voraussagen zu lassen, ob sie wirklich den Anselmus zum Manne haben soll und ob er wirklich zum Hofrat avanciere.

Als sie dann vor dem Häuschen der alten Rauerin steht und anklopft, bricht die Märchen- und Fabelwelt erst recht in ihr Leben ein. Die Tür

---

[84] Reclam, S. 48

öffnet sich und sie wird von einem großen schwarzen Kater zur Rauerin geleitet, deren Aussehen greulich und hexenhaft ist. Der Leser ahnt sogleich, daß die Rauerin identisch mit des Anselmus' Apfelweib ist, vor allem, da sie eine riesenhafte Brandnarbe im Gesicht hat, die auf das Auripigment, das Anselmus auf den Türknauf versprüht hat, zurückzuführen ist. Der Raum der alten Zauberin gleicht einem grauslichen Amphibienkabinett, das nur so von Meerkatzen, Meerschweinchen und anderen furchteinflößenden Tieren wimmelt. Veronika ist zu Tode erschrocken und voller Furcht, dennoch hört sie die Flüche der Alten und die Beschimpfungen, die sie gegen den Archivarius als ihren Erzfeind und den mit ihm verbündeten Anselmus schleudert, an. Ohne daß Veronika ein Wort geäußert hat, weiß die Alte schon, was diese zu wissen begehrt: „Laß ab, laß ab von dem Anselmus, das ist ein garstiger Mensch, der hat meinen Söhnlein ins Gesicht getreten, meinen lieben Söhnlein, den Äpfelchen mit den roten Backen, die, wenn sie die Leute gekauft haben, ihnen wieder aus den Taschen in meinen Korb zurückrollen. Er hält's mit dem Alten, er hat mir vorgestern den verdammten Auripigment ins Gesicht gegossen, daß ich beinahe darüber erblindet, du kannst noch die Brandflecken sehen, Töchterchen! Laß ab von ihm, laß ab! – Er liebt dich nicht, denn er liebt die goldgrüne Schlange, er wird niemals Hofrat werden, weil er sich bei den Salamandern anstellen lassen, und er will die grüne Schlange heiraten, laß ab von ihm, laß ab!“ [85)]

Wider Erwarten reagiert jedoch Veronika nicht eingeschüchtert, sie verlangt von der Alten eine klare Auskunft und schickt sich an, das Haus zu verlassen. Die Alte reagiert sogleich und verwandelt sich in die alte Liese, Veronikas Amme, und verspricht, der Veronika zu Diensten zu sein. Sie verabredet mit ihr, sich während der bald nahenden Tag- und Nachtgleiche an einem versteckten Kreuzwege zu treffen, wo sie dann alles besprechen und arrangieren könnten.

[85)] Reclam, S. 54/55

Sechste Vigilie

Die sechste Vigilie gehört ganz dem Bereich des Wunderbaren an, zugleich stellt sie einen erzählerischen Rückgriff dar, indem nämlich erst jetzt erzählt wird, wie der Student den Liquor gegen das Apfelweib anwendet, dessen Folgen die fünfte Vigilie schon im Gesicht der Apfelhexe erwiesen hatte. Mit diesem Auripigment ausgerüstet und zugleich mit seinen besten und auserlesensten kalligraphischen Werkzeugen bewaffnet, macht Anselmus sich zum Haus des Archivarius auf. Das Reich Lindhorsts erweist sich als ein orientalisches Garten- und Zauberreich, in dem exotische Vögel und Pflanzen beheimatet sind und ihr neckisches Unwesen treiben, das sie auch an dem erstaunten Studenten auslassen. Der Archivarius offenbart sein zauberhaftes Doppelgesicht, da er hier als Nekromant auftaucht und in allerlei Verkleidungen und Verwandlungen den Anselmus in Erstaunen versetzt, so schreitet er z. B. einmal als Feuerlilienbusch auf den verdutzten Studenten zu. Einer seiner Trabanten ist ‚ein großer grauer Papagei', der eine Brille auf dem krummen Schnabel sitzen hat und gelehrt einherredet. In einem besonders feierlich-festlichen Gemache befindet sich der ‚goldne Topf': „Aus den azurblauen Wänden traten die goldbronzenen Stämme hoher Palmbäume hervor, welche ihre kolossalen, wie funkelnde Smaragden glänzenden Blätter oben zur Decke wölbten; in der Mitte des Zimmers ruhte auf drei aus dunkler Bronze gegossenen ägyptischen Löwen eine Porphyrplatte, auf welcher ein einfacher goldener Topf stand... Es war als spielten in tausend schimmernden Reflexen allerlei Gestalten auf dem strahlend polierten Golde – manchmal sah er sich selbst mit sehnsüchtig ausgebreiteten Armen – ach! neben dem Holunderbusch – Serpentina schlängelte sich auf und nieder ihn anblickend mit den holdseligen Augen. Anselmus war außer sich vor wahnsinnigem Entzücken." [86]

---

[86] Reclam, S. 62

Dann endlich führt der Archivarius den Anselmus in die Bibliothek zu seinem Arbeitsplatz. Als Proben seiner kostbaren Arbeiten unterbreitet Anselmus dem Archivar seine mitgebrachten kalligraphischen Übungen, zu denen der Archivar nur kurz den Kopf schüttelt und sie ihm mit dem Bemerken, daß er noch vieles zu lernen habe, zurückgibt. Anselmus ist erstaunt, wie schülerhaft ungelenk plötzlich seine meisterhafte kalligraphische Schrift sich ausnimmt. Der Archivarius übergibt ihm nun viel kostbarere und feinere Schreibmaterialien, mit denen Anselmus seine Kopierarbeit traumhaft sicher ausführt. Während seiner Arbeit war es ihm, als vernähme er die Kristallstimme der Serpentina, die ihm zuflüsterte, daß sie ihm beistehen wolle: „Ich bin dir nahe ... ich helfe dir – sei mutig – sei standhaft, lieber Anselmus!“ [87] Der Archivarius ist höchst zufrieden mit des Anselmus Arbeit und er verabschiedet ihn mit der Auffordung, morgen wiederum um Punkt zwölf Uhr an seinem Arbeitsplatz zu sein.

Siebente Vigilie

Die siebente Vigilie wechselt völlig auf die Gegenseite, sie spielt zunächst im Bereich des Konrektors Paulmann und seiner Tochter, die sich zu der Verabredung mit der alten Rauerin vorbereitet, um die günstige Stunde des Äquinoktiums auszunützen. Es ist nicht erstaunlich, daß Hoffmann die Darstellung der Geschehnisse während des Äquinoktiums meisterhaft gelungen ist, konnte er doch hier seiner speziellen Begabung folgen und alle Register des Gespenstischen und Gruseligen ziehen.

Veronika, die Alte und der greuliche schwarze Kater begeben sich zu dem Zauberort am Kreuzweg, um dort den Anselmus magisch an die Seite der Veronika zu bannen und damit zugleich den Sieg der Alten über den Archivarius zu besiegeln. Auch in dieser Vigilie wendet Hoffmann den poetischen Kunstgriff der appellativen Leseranrede an. Der

[87] Reclam, S. 66

Leser möge sich vorstellen, wenn er just in dieser schauerlichen Nacht in der Postchaise nach Dresden unterwegs gewesen wäre und geradewegs auf jenem Kreuzweg in das gruselige Zauberzeremoniell hineingefahren wäre. Hoffmann vermengt diesen imaginativen Part mit den wirklichen Vorgängen in meisterhafter Weise: „Ich glaube wohl, daß dir, günstiger Leser! kenntest du auch sonst keine Furcht und Scheu, sich doch bei dem Anblick dieses Rembrandtschen oder Höllenbreughelschen Gemäldes, das nun ins Leben getreten, vor Grausen die Haare auf dem Kopfe gesträubt hätten. Aber dein Blick konnte nicht loskommen von dem im höllischen Treiben befangenen Mädchen, und der elektrische Schlag, der durch alle deine Fibern und Nerven zitterte, entzündete mit der Schnelligkeit des Blitzes in dir den mutigen Gedanken Trotz zu bieten den geheimnisvollen Mächten des Feuerkreises; in ihm ging dein Grausen unter, ja der Gedanke selbst keimte auf in diesem Grausen und Entsetzen als dessen Erzeugnis. Es war dir, als seist du selbst der Schutzengel einer, zu denen das zu Tode geängstigte Mädchen flehte, ja als müßtest du nur gleich dein Taschenpistol hervorziehen, und die Alte ohne weiteres totschießen!"... Weder du, günstiger Leser! noch sonst jemand, fuhr oder ging aber am dreiundzwanzigsten September in der stürmischen, den Hexenkünsten günstigen Nacht des Weges, und Veronika mußte ausharren am Kessel in tödlicher Angst, bis das Werk der Vollendung nahe."[88]

Der Zauber kulminiert in der Bannung der Gestalt des Anselmus im Bild des Spiegels innerhalb des Kessels, jedoch zur gleichen Zeit stürzte ein ungeheuerer Adler aus den Lüften herab, „mit den Fittichen um sich schlagend, und es rief mit entsetzlicher Stimme: ‚Hei- ‚hei! – ihr Gesindel! Nun ist's aus – nun ist's aus – fort zu Haus!' Die Alte stürzte heulend nieder, aber Veronika vergingen Sinn' und Gedanken."[89] Als Veronika wieder zu sich kam, befand sie sich zu Hause

[88] Reclam, S. 73/74
[89] Reclam, S. 75/76

in ihrem Bette und sie glaubte, all das greuliche Geschehen geträumt zu haben, aber ihr von ihrer Schwester vorgewiesener völlig durchnäßter Mantel überzeugte sie von der Wirklichkeit der Geschehnisse, was ein metallener Spiegel an ihrem Halse, den sie niemals besessen hatte, bestätigt. In diesem Spiegel erkennt sie bald den Anselmus, wie er sich ihr sehnsuchtsvoll nähert, dann aber wieder verfremdet sich der Anselmus ihren Augen, daß sie an seiner Liebe zu ihr zweifeln muß.

Achte Vigilie

Die achte Vigilie ist wieder nahezu ausschließlich dem Zauberreich des Archivarius gewidmet. Dieser führt den Anselmus durch den exotischen Garten in die Halle, in der einst der goldene Topf gestanden hat, nun aber ein großer Schreibtisch sich befindet, an dem der Student erst mit der eigentlichen Kopierarbeit beginnen soll, da hier ganz außergewöhnliche Manuskripte auf ihn warten, die nur mit allergrößter Sorgfalt behandelt werden dürfen, vor allem darf kein Tintenklecks auf die Originale fallen. „Ein Tintenfleck auf das Original gespritzt, stürzt Sie ins Unglück", hatte der Archivarius gewarnt! An des Archivarius Verhalten erkennt Anselmus, daß er es wohl mit dem Fürsten der Geister zu tun habe; denn der Archivarius stieg „an dem Stamm eines Palmbaums in die Höhe und verschwand in den smaragdenen Blättern. – Der Student begriff, daß der Geisterfürst mit ihm gesprochen und nun in sein Studierzimmer hinaufgestiegen, um vielleicht mit den Strahlen, die einige Planeten als Gesandte zu ihm geschickt, Rücksprache zu halten, was nun mit ihm und der holden Serpentina geschehen sollte."[90] Es dauert auch gar nicht lange und es rauschte in den Blättern der Palmbäume „und als strahlten dann die holden Kristallklänge, welche Anselmus an jenem verhängnisvollen Himmelfahrtstage unter dem Holunderbusch hörte, durch das Zimmer."[91]

[90] Reclam, S. 82
[91] Reclam, S. 83

Die grüne Schlange schlängelte sich von dem Palmbaum und erzählte dem Anselmus die wundersame Geschichte ihres Vaters, der aus dem wunderbaren Geschlechte der Salamander abstamme, und seiner Liebe zur grünen Schlange, der Serpentina ihr Dasein verdanke. Der Mythos greift weit in die Vorgeschichte zurück und berichtet von dem Wunderland Atlantis, in dem der mächtige Fürst Phosphorus geherrscht hat, dem die Elementargeister zu Diensten waren. Zugleich berichtet der Mythos vom Kampf des Phosphorus und der Elementargeister gegen die Welt der Drachen. Wir erfahren, daß die Macht der Drachenwelt keineswegs für immer gebannt ist, sondern insgeheim weitergeführt wird. Wir erfahren, daß das Apfelweib aus dem Geschlecht der Drachen stammt und Widersacher des Archivarius – im Sinne dieser alten Mythe – ist: „Jenes Weib, das dir so feindlich ist, lieber Anselmus! und die wie mein Vater recht gut weiß, nach dem Besitz des goldnen Topfes strebt, hat ihr Dasein der Liebe einer solchen aus dem Fittich des Drachen herabgestäubten Feder zu einer Runkelrübe zu verdanken."[92] Der goldne Topfe, so erfährt der Leser zugleich, ist die Mitgift der grünen Schlange an ihren zukünftigen Mann, in dem Topf spiegelt sich die poetisch-phantastische Welt wider. Die Erzählung der holden Serpentina schlägt sich gleichzeitig als Schrift in das Manuskript des Anselmus nieder, so daß er, als der Archivarius kommt es abzuholen, es fristgerecht übergeben kann. Lindhorst ist so aufgeräumt und erfreut über das Manuskript des Studenten, daß er ihn zum Linkeschen Bade einlädt. An der Zusammenkunft nimmt auch der Registrator Heerbrand teil, der sich bei dieser Gelegenheit am starken Doppelbier maßlos betrinkt. So endet dieses zauberhafte Kapitel mit einem absolut banalen Geschehnis der vertrackten Philisterwelt.

---

[92] Reclam, S. 89/90

Neunte Vigilie

Die neunte Vigilie bringt einen Umschlag in die Welt des Philistertums, der sich der Student weit entrückt wähnte, obgleich er in ‚den Wundern des Feenreichs' immer wieder auch einmal der schönen blauen Augen der Veronika gedenken muss. „Zuweilen war es, als risse eine fremde plötzlich auf ihn einbrechende Macht ihn unwiderstehlich hin zur vergessenen Veronika, und er müsse ihr folgen, wohin sie nur wolle, als sei er festgekettet an das Mädchen."[93] Auf einem Spaziergang trifft er prompt den Konrektor, der ihn in seine Wohnung einlädt, wo Veronika den Anselmus erfreut begrüßt. Ungeschickterweise stößt der Student an Veronikas Nähkästchen, aus dem der Spiegel der Alten herausfällt, „in den er mit ganz eigener Lust hineinschaute. Veronika schlich sich leise hinter ihn, legte die Hand auf seinen Arm und schaute sich fest an ihn schmiegend ihm über die Schulter auch in den Spiegel. Da war es dem Anselmus, als beginne ein Kampf in seinem Innern – Gedanken – Bilder – blitzten hervor und vergingen wieder – der Archivarius Lindhorst – Serpentina – die grüne Schlange – endlich wurde es ruhiger und alles Verworrene fügte sich und gestaltete sich zum deutlichen Bewußtsein. Ihm wurde es nun klar, daß er nur beständig an Veronika gedacht, ja daß die Gestalt, welche ihm gestern in dem blauen Zimmer erschienen, auch eben Veronika gewesen, und daß die fantastische Sage von der Vermählung des Salamanders mit der grünen Schlange ja nur von ihm geschrieben, aber keineswegs aber erzählt worden sei."[94]

Über diesen Reflexionen versäumt der Student die festgesetzte Zeit, zum Archivarius zu gehen, überdies erscheint auch noch der Registrator Heerbrand mit den Zutaten zu einem köstlichen Punsch, der nun unter den Anweisungen von Paulmann hergestellt wird und in Kürze seine vorzüglichsten Wirkungen entfaltet. Der Student beginnt

---

93) Reclam, S. 92

94) Reclam, S. 94

von seinen Erlebnissen aus Lindhorsts Feen- und Geisterwelt zu faseln, worauf der Konrektor entsetzt konstatiert, es sei dem Anselmus nicht wohl im Kopfe, wohingegen der Registrator dem Anselmus zustimmt: „der Kerl, der Archivarius, ist ein verfluchter Salamander, der mit den Fingern feurige Schnippchen schlägt, die einem Löcher in den Überrock brennen wie glühender Schwamm. – Ja, ja, du hast recht, Brüderchen Anselmus, und wer es nicht glaubt, ist mein Feind!"[95] Wiederum läßt Hoffmann deutlich werden, daß auch die Philisterwelt in gewissem Maße an den Wundern der Geisterwelt partizipiert – allerdings nur im Zustand des Rausches. Anselmus schilt den völlig entsetzten Paulmann: „Sie sind auch nichts weiter als ein Vogel – ein Schuhu, der die Toupets frisiert, Herr Konrektor!"[96] Unter der Wirkung des Punsches verwirren sich die Aspekte des Gewöhnlichen und Wunderbaren derart, daß am Ende der Registrator und der Student unter dem Gewimmer der Veronika die Punschbowle unter die Stubendecke werfen und dabei schreien „Vivat Salamander – pereat – pereat die Alte – zerbrecht den Metallspiegel, hackt dem Kater die Augen aus! – Vöglein, Vöglein aus den Lüften!"[97]

Ein sich anbahnender Streit wird durch das Eintreten eines kleinen Männchens, das eigentlich ein grauer Papagei war, verhindert. Der Papagei bestellt dem Anselmus die besten Grüße des Archivarius, der heute vergeblich auf ihn gewartet habe. Entsetzt rennt der Anselmus zurück in seine Wohnung, wo er von der enttäuschten Veronika träumt.

Am kommenden Mittag, pünktlich um zwölf Uhr, findet er sich wieder beim Archivarius ein. Freilich, schon der Garten des Archivarius dünkt ihn heute ganz gewöhnlich: „Er sah nichts als gewöhnliche Scherbenpflanzen, allerlei Geranien, Myrtenstöcke u. dergl."[98] Alles schien ihm

---

[95] Reclam, S. 97/98
[96] Reclam, S. 98
[97] Reclam, S. 99
[98] Reclam, S. 101

zum Alltäglichen und Ordinären verwandelt. Der Archivarius begegnet ihm mit einem seltsam ironischen Lächeln, über den Punschabend weiß er bereits genauestens Bescheid: „Aber bei dem tollen Unwesen, das ihr triebet, wäre ich beinahe hart beschädigt worden; denn ich saß eben in dem Augenblick noch in der Terrine, als der Registrator Heerbrand danach griff, um sie gegen die Decke zu schleudern, und mußte mich schnell in des Konrektors Pfeifenkopf retirieren."[99) Die völlig unpoetische und gewöhnliche Haltung des Studenten kann für die folgende Kopierarbeit nichts Gutes verheißen. Und so kommt, was kommen mußte, der Anselmus stellt sich derart ungeschickt an, daß er einen dicken Tintenklecks auf sein Original spritzt. Unter sprühenden Feuerkatarakten verwandelt sich die Szene und Anselmus findet sich eingezwängt in eine Kristallflasche auf einem Repositorium im Bibliothekzimmer des Archivarius Lindhorst wieder.

Zehnte Vigile

Die Liebes- und Initiationsprobe scheint von Anselmus nicht bestanden, so kann man seine Einzwängung in die Kristallflasche als eine Art Bestrafung ansehen. Und so spricht der Erzähler zu Beginn der zehnten Vigile den Leser an, indem er ihm die Leiden und Todesqualen des Anselmus schildert. Alles schien dem Studenten in schieren Wahnsinn umgeschlagen zu sein. Er wähnt Serpentina und den goldnen Topf für sich verloren und ergeht sich in klagenden Monologen über sein Schicksal, als er plötzlich neben sich eine beschwichtigende Stimme vernimmt, die von einem der drei Kreuzschüler herrührte, die neben ihm auf dem Repositorium stehen, ebenfalls in gläserne Flaschen eingezwängt. Nur diese „Herren und Gefährten im Unglück"[100) verspüren nichts von der Bedrängnis und Enge der Kristallflaschen:

---

99) Reclam, S. 101/102
100) Reclam, S. 106

„nie haben wir uns besser befunden, als jetzt, denn die Speziestaler, welche wir von dem tollen Archivarius erhalten für allerlei konfuse Abschriften, tun uns wohl; wir dürfen jetzt keine italienischen Chöre mehr auswendig lernen, wir gehen jetzt alle Tage zu Josephs oder sonst in andere Kneipen, lassen uns das Doppelbier wohl schmekken, sehen auch wohl einem hübschen Mädchen in die Augen, singen wie wirkliche Studenten: gaudeamus igitur und sind seelenvergnügt." Gleichzeitig aber vernimmt er insgeheim die Stimme Serpentinas, die ihn nach wie vor ihrer Liebe versichert. Bald jedoch entsteht ein anderer gemeinerer Rumor im Raume, der von dem garstigen Äpfelweib herrührt, die sich aus einer auf einem kleinen Schrank befindlichen Kaffeekanne heraus entwickelt.

„Die grinste und lachte ihn an und rief mit gellender Stimme: ‚Ei, ei, Kindchen! – mußt du nun ausharren? – Ins Kristall nun dein Fall! – hab ich dir's nicht längst vorausgesagt?"[101] Die Alte versucht durch Schmeichelreden, den Anselmus von der Liebe zu Veronika zu überzeugen und verheißt ihm, ihn aus dem Kristallgefängnis zu befreien. Nach des Anselmus glühenden Bekenntnis zu Serpentina und der Verfluchung der Alten, zeigt diese ihr wahres Gesicht und Wesen. In einem furiosen Angriff der Hexe und des schwarzen Katers soll der goldne Topf geraubt werden. Der Papagei, der als Hüter des Schatzes gesehen werden kann, erhebt sein Geschrei und ruft den Archivarius herbei. Nun entwickelt sich der entscheidende Kampf zwischen beiden Prinzipien, in dem schließlich der Papagei, der den schwarzen Kater vernichtet, und der Archivarius, der die alte Hexe im Feuerstrom der Salamander und mit seinem Schlafrock erstickt und verbrennt. Am Ende bleiben vom Kater ein schwarzes Haar und von der Hexe eine garstige Runkelrübe übrig, die der graue Papagei durch das geöffnete Fenster davonträgt. Der Archivar ergreift den goldnen Topf und gegen den Studenten gewendet spricht er: „'nicht du, sondern nur ein feindliches Prinzip, das zerstörend in dein Inneres zu dringen

---

[101] Reclam, S. 106

trachtete, war schuld an deinem Unglauben. – Du hast deine Treue bewährt, sei frei und glücklich'. Ein Blitz zuckte durch das Innere des Anselmus, der herrliche Dreiklang der Kristallglocken ertönte stärker und mächtiger, als er ihn je vernommen – seine Fibern und Nerven erbebten – aber immer mehr anschwellend dröhnte der Akkord durch das Zimmer, das Glas, welches den Anselmus umschlossen, zersprang und er stürzte in die Arme der holden lieblichen Serpentina." [102]

Elfte Vigilie

Diese Vigilie führt wieder in das Domizil des Konrektors Paulmann, in dem es chaotisch aussieht, denn der Konrektor und der Registrator hatten nach der Punschorgie und der Flucht des Studenten weitergezecht und ein Trümmerfeld hinterlassen. Nun aber, am nächsten Morgen, sind beide fest davon überzeugt, daß der Anselmus dem Wahnsinn verfallen sei. Der Konrektor verflucht ihn und verheißt, ihn nie wieder über seine Schwelle zu lassen, da er auch Veronika in perfider Weise um den Verstand gebracht habe, zu deren Heilung der Konrektor den Doktor Eckstein hergebeten hatte, der deren Wiedergesundung vorhersagt. Und das geschieht auch schon bald, denn nach einigen Monaten, in denen sich Anselmus nie mehr gezeigt hatte, tritt der Registrator Heerbrand in die Stube der Paulmanns und bittet um die Hand der Veronika, da er inzwischen zum Hofrat ernannt worden ist. Die Visionen der Veronika, dereinst als Hofrätin brillieren zu können, gehen somit in Erfüllung, es schert sie nicht allzu viel, daß sie nicht durch den Anselmus in diesen Stand versetzt wird. Veronika beichtet jedoch ihrem Vater und ihrem Bräutigam vor der Hochzeit die ehemalige Liebe zu dem Anselmus und berichtet von ihrem nächtlichen Abenteuer mit der alten Liese am Kreuzweg. Der ihr von der Alten dedizierte Metallspiegel zerbarst in dem Augenblick, in dem die Alte ihr Ende fand, zugleich war der Zauber um die Gestalt des Anselmus

---

[102] Reclam, S. 112/113

für sie erloschen. Die Geschichte der Veronika findet ihr glückliches Ende, indem Veronika vollends an der Seite des Hofrates Heerbrand in die ihr willkommene Glückseligkeit des Philistertums eintaucht.

Zwölfte Vigilie

Diese letzte Vigilie erweist sich als poetisches Meisterstück des Dichters E.T.A. Hoffmann, indem er den Erzähler nun seinerseits in das Geschehen und in die Geschichte einbezieht und ihn zugleich den Leser ansprechen läßt. Er selber, der Autor - Erzähler, fühlt sich nun seinerseits: „befangen in der Armseligkeit des kleinlichen Alltagslebens... Ich härmte mich recht ab, wenn ich die elf Vigilien, die ich glücklich zustande gebracht, durchlief, und nun dachte, daß es mir niemals vergönnt sein werde, die zwölfte als Schlußstein hinzuzufügen." [103)]

Diese trübe Stimmung des Autor - Erzählers wird aufgehellt durch ein schriftliches Billet, das er vom Archivarius erhält, in dem dieser berichtet von dem Geschick des Dichters Anselmus, des vormaligen Studenten, den er als seinen Schwiegersohn tituliert, der nun mit seiner Tochter Serpentina ein glückliches Dasein in Atlantis, dem Phantasielande der Poesie, verbringe. Lindhorst vergißt nicht, dem Erzähler weidlich Vorhaltungen zu machen, da er seine, des Archivarius, wahre Identität den Lesern preisgegeben habe, und daß dies ihm Verdruß der staatlichen Behörden einbringen könne, da die Doppelexistenz als Archivarius und als Geisterfürst und Salamander nicht mit den staatlichen und bekannten rechtlichen Bestimmungen in Einklang zu bringen wären. Dennoch lädt der Archivrat den Erzähler in sein Haus, damit er im azurblauen Zimmer, am Schreibtisch des Anselmus, seine zwölfte Vigilie beenden könne.
Dort kredenzt der Archivar dem staunenden Erzähler in einem schönen goldenen Pokal das Lieblingsgetränk des berühmten Kapellmeisters Kreisler, einen aus Arrak gebrauten Punsch, in den Lindhorst, nachdem

---

[103] Reclam, S. 123

er den Punsch entzündet hat, unversehens hineinsteigt. Der Genuß des herrlichen Getränks ruft im Erzähler die Vision des Dichtertempels in Atlantis innerhalb einer zauberhaften Landschaft hervor, er erschaut Serpentina und Anselmus, die den goldenen Topf hegen, aus dem eine herrliche Lilie entsprossen ist.

Nachdem die Vision vom Reiche Atlantis verloschen, fällt der Autor - Erzähler zurück in seine elegische Klage über seinen erbärmlichen Zustand:
"Aber ich Armer! - bald - ja in wenigen Minuten bin ich selbst aus diesem schönen Saal, der noch lange kein Rittergut in Atlantis ist, versetzt in mein Dachstübchen, und die Armseligkeit des bedürftigen Lebens befangen meinen Sinn und mein Blick ist von tausend Unheil wie von dicken Nebel umhüllt, daß ich wohl niemals die Lilie schauen werde." - Da klopfte mir der Archivarius Lindhorst leise auf die Achsel und sprach: „Still, still, Verehrter! klagen Sie nicht so! - Waren Sie nicht soeben selbst in Atlantis und haben Sie denn nicht auch dort wenigstens einen artigen Meierhof als poetisches Besitztum Ihres inneren Sinns? - Ist denn überhaupt des Anselmus Seligkeit etwas anderes als das Leben in der Poesie, der sich der heilige Einklang aller Wesen als tiefstes Geheimnis der Natur offenbaret?" [104)]

---

104) Reclam, S. 130

Überlegungen zum Verständnis der Erzählung

Hoffmann war sich bewußt, daß sein Märchen von allen bisher bekannten Märchen abwich. Schon in den ersten Hinweisen zur ursprünglichen Konzeption (Brief an Kunz vom 19. 8. 1813) distanziert er sich strikt von der orientalischen Märchenvorstellung wie von der Märchenmanier Wielands, dessen Märchensammlung: „Dschinnistan, oder auserlesene Feen- und Geistermärchen“ 1786 erschienen war. Im Brief an Kunz vom 4. 3. 1814 formuliert Hoffmann seine eigene Märchenvorstellung: „Die Idee so das ganz Fabulose, dem aber wie ich glaube, die tiefere Deutung gehöriges Gewicht giebt, in das gewöhnliche Leben keck eintreten zu lassen ist allerdings gewagt und soviel ich weiß von einem teutschen Autor in diesem Maaß noch nicht benutzt worden ...[105] Aus dieser Bemerkung könnte man schließen, daß Hoffmann sich darüber klar war, daß diese Manier in Frankreich (Cazotte) und Italien (Gozzi) bereits bekannt war.

So ist der Nexus des Hoffmannschen Märchens durchaus aus diesen beiden Strängen (dem Fabulosen und dem gewöhnlichen Leben) gewebt. Der Beginn der Erzählung im Ineinander des exakt Lokalen und Topographischen und des Phantastischen, ausgelöst durch die Figur und Artikulation des Äpfelweibs (das ja zugleich einem Märchentopos entspricht) ist für die Erzählung symptomatisch. Die Perspektivik des Erzählers verfolgt, scheinbar neutral, den Studenten Anselmus in seinen verworrenen Abenteuern zwischen den Welten der Paulmanns und Heerbrands und des Archivarius Lindhorst, der wirklich ein „geheimer Archivarius“ ist, bis daß der Erzähler plötzlich aus der Erzählmanier herausfällt, um sich appellativ an den Leser zu richten. Der Dichter greift die Problematik seiner beiden Welten erneut auf, um deutlich zu machen, daß die phantastische und die reale Welt im Grunde identisch sind und die jeweilige Erfahrungswirklichkeit vom Betrachter abhänge: ... „in diesem Reiche, das uns der Geist so oft,

---

[105] s. Anm. 46

wenigstens im Traume aufschließt, versuche es, geneigter Leser, die bekannten Gestalten, wie sie täglich, wie man zu sagen pflegt im gemeinen Leben, um dich herwandeln, wiederzuerkennen. Du wirst dann glauben, daß dir jenes herrliche Reich viel näher liege, als du sonst wohl meintest ..."[106]

Die Märchenkomponente der Novelle freilich ergibt sich nicht nur als beseligendes Idyll, wie es gegen Ende in der Atlantisvision anzuklingen scheint, sondern ist in sich ambivalent, die tellurisch-chthonischen Mächte stehen im Widerspruch zu den Mächten der Phantasie und Poesie (Kristallwelt), beide haben sich in einer Art Urfehde voneinander gelöst (hier in mythischen Bildern dargestellt: Lilie, Salamander, Drachen) und gegeneinander gestellt, in der Alltagswelt symbolisiert im Apfelweib und im Archivarius Lindhorst, die beide doppelgängerisch an beiden Prinzipien teilhaben. Die scheinbar vollends philiströs gestaltete Welt des Konrektors und Registrators ist, freilich graduell abgestuft, von Zeit zu Zeit in der Lage, sich bis an den Rand des Phantastischen, durch geistigen Liquor animiert, aufzuputschen. Das wird vor allem in der großartig komponierte 9. Vigilie deutlich, als Paulmann und Heerbrand (und Anselmus) vom Punsch begeistet, die Terrine an die Stubendecke schleudern und dabei gegen ihr eigenes Prinzip anbrüllen: „Vivat Salamander – pereat – pereat die Alte – zerbrecht den Metallspiegel, hackt dem Kater die Augen aus ..."[107]

Selbst die Gestalt der Veronika ist nicht ungebrochen philiströs dargestellt, was von der Hoffmann-Forschung gelegentlich nicht beachtet worden ist. Wie jedoch das Poetische und Phantastische fremdartig und störend in die Welt des Philiströsen einbricht, so bricht der „gemeine" Aspekt zerstörend in die illuminativ-esoterische Welt des Märchens ein; der verhängnisvolle Tintenklecks des Anselmus macht das deutlich (9. Vigilie). Das Chthonisch-Tellurische ist nicht

---

[106] Der goldene Topf (Reclam-Ausg.), S. 35/36
[107] desgl., S. 99

ausschließlich der fatalen Komponente der Märchenwelt zugeordnet, sondern auch wieder ambivalent beiden Märchenkomponenten; es schimmert auf im „Gold“ des Topfes wie im „Silber“ des Metallspiegels, denen jeweils wieder der Salamandermythos (Feuerlilie) und der Drachenmythos zugeordnet ist, die wieder mit der Sonnen/Tag- und Mond/Nachtvorstellung kombiniert sind.

Nach den z.T. grotesken Fehden beider Prinzipien (des Phantastischen und des Philiströsen) in allen Regionen des Realen und Irrealen findet der Protagonist des Märchens „Anselmus“ die Erlösung durch die Verzauberung im Reiche Atlantis, das für Hoffmann identisch mit dem Reich der Poesie ist. Aber auch der Welt des „gemeinen Lebens“ widerfährt Gerechtigkeit, indem der Glanz der Poesie verschwindet und das Alltagshappyend sich konstituiert, wenngleich der Archivarius Lindhorst immer noch unerlöst weiterhin unter den Pfahlbürgern seine phantastischen Faxen treiben wird.

In der Schlußvigilie tritt der Erzähler noch einmal in Anrede vor den Leser, um neben den Nachrichten vom ferneren glückseligen Leben des Studiosus Anselmus und seiner Serpentina zugleich einen poetischen Rechenschaftsbericht von der „unmöglichen“ Entstehung der letzten Vigilie und des Märchens überhaupt zu geben, wobei der Leser in eine doppelte, sozusagen reflektierte Leseranrede gestellt sieht, denn das schriftliche Billet des Salamanders Lindhorst vermittelt ebenfalls eine Anrede an den Leser. Daß man es bei Hoffmanns Märchen vom goldnen Topf nicht lediglich mit einem Text zu tun habe, sondern mit einem aus der Realität sich ergebenen fiktiven Text, der in sich einen höchst komplizierten Perspektivismus aufzuweisen hat, mag vielleicht an den vielfach reflektierten appellativen Leseranreden deutlich werden. „Der goldne Topf“ ist in „Callots Manier“ von einem „reisenden Enthusiasten“ zu Papier gebracht, dieser gibt sich als der Erzähler. Der Erzähler läßt am Ende den Salamander, alias geheimen Archivarius Lindhorst, in einem Billet über den Erzähler, der vom Autor Hoffmann erzählt ist, an den fiktiven Leser, der nicht nur fiktiv ist, da

Hoffmann nachweislich zugleich auch immer seine möglichen und faktischen Kritiker durch seine Dichtungen hindurch anredete, erzählen. Am Ende findet sich der Erzähler/Enthusiast im gleichen Zwiespalt zwischen Traum-Vision und Wirklichkeit wie zu Beginn der Studiosus (und der Autor). Atlantis, das Reich der Poesie, und das Dachstübchen der „Armseligkeit des bedürftigen Lebens" scheinen sich wiederum diametral entgegenzustehen, wenn nicht der Archivarius wie Shakespeares Zauberer Prospero dazwischenträte und sagte: „Still, still, Verehrter! klagen Sie nicht so! – Waren Sie nicht soeben selbst in Atlantis, und haben Sie denn nicht auch dort wenigstens einen artigen Meierhof als poetisches Besitztum Ihres innern Sinns? – Ist denn überhaupt des Anselmus Seligkeit etwas anderes als das Leben in der Poesie, der sich der heilige Einklang aller Wesen als tiefstes Geheimnis der Natur offenbaret?"[108)]

Zur Bedeutsamkeit der Schlußsentenz des Märchens: „Ende des Märchens" (in der Reclamausgabe fehlt sie bedauerlicherweise) verweisen wir auf den Textabschnitt von Wolfgang Preisendanz. (siehe S. 121) Interessant ist noch folgender Hinweis in Kindlers Literatur Lexikon: „Die teils hymnisch, teils ironisch distanziert vorgetragene Erzählung von der mythischen Herkunft des Archivars ist Gotthilf Heinrich Schuberts Ansichten von der Nachtseite der Naturwissenschaft (1808) nachgebildet, in denen der Autor seine an Schelling orientierte Spekulation über die Naturgeschichte entwickelt, die er als eine durch den „Gedanken" verursachte Spaltung der ursprünglich heilen Welt in „Natur" und „Geist" beschreibt. Hoffmann schiebt diese Erzählung als „Märchen im Märchen" ein und hebt mit ihr das Geschehen in kosmische Bereiche, die sich grotesk im platten Rationalismus der Philister spiegeln."[109)]

[108)] desgl., S. 130

[109)] Kindlers Literatur-Lexikon (dtv), Bd. 10, S. 4038

Das Fräulein von Scuderi

ENTSTEHUNGS- UND WIRKUNGSGESCHICHTE

Daten zur Entstehungsgeschichte:

März 1818 schreibt Hoffmann in Berlin an seinen Leihbibliothekar **Kralowsky** (Berlin):

„Mit dem verbindlichsten Danke sende ich Ihnen, Verehrtester Freund! die Meierschen Briefe und ‚Paris wie es war' pp zurück, aus denen ich einige Notizen entnommen.

Sollten Sie nicht die Übersetzung von Voltair's Siecle de Louis XIV besitzen, so giebt es ein Paar Romane von der Frau von Genlis die im ZeitAlter Ludwig des Vierzehnten spielen, der eine ist ni fallor, die Geschichte der La Valiere pp. Außerordentlich würden Sie mich verbinden, wenn Sie mich mit einem solchen Werklein aus der Verlegenheit ziehen könnten.

Hochachtungsvoll

Hoffmann

28 Maerz 18[110)]

Die Bücher, die von Hoffmann in diesem Schreiben erwähnt werden, sind alle als Quellen für die Novelle „Das Fräulein von Scuderi" auszumachen. Dies ist der erste indirekte Hinweis auf die Arbeit an der Novellenkonzeption.

Aus einem **Brief** Hoffmanns an die Salonschriftstellerin **Helmina von Chézy** vom **17. 10. 18** geht hervor, daß der Dichter das Manuskript der Erzählung an den Herausgeber des **„Taschenbuchs für das Jahr 1820. Der Liebe und Freundschaft gewidmet"** (**Dr. Stephan Schütze**) abgesandt hatte. In der Zeitspanne von März 1818 bis

110) Briefwechsel II, S. 161

Oktober 1818 ist demgemäß die Erzählung „Das Fräulein von Scuderi“ entstanden.

Neben öffentlicher Anerkennung brachte das Werk Hoffmann eine private Überraschung besonderer Art, auf die der für guten Wein besonders aufgeschlossene Hoffmann wiederholt in seinen Briefen zu sprechen kommt. Die Verleger Friedrich und Heinrich Wilmans aus Frankfurt, die genanntes Taschenbuch publizierten, sandten dem Dichter für die Erzählung zusätzlich zum Honorar eine Kiste mit 50 Flaschen Rheinwein „Rüdesheimer Hinterhaus 1811“. Der Weinjahrgang 1811 war einer der berühmtesten des Jahrhunderts!

Daten zur Wirkungsgeschichte:

Die erste uns bekannte öffentliche Rezension der Novelle stammt von der Leiterin des **„Morgenblattes“** (Morgenblatt für gebildete Stände. Jg. **1819**. Literaturblatt Nr. 48, S. 102), **Therese Huber**:

„ ‚Fräulein von Scuderi’, eine aus dem Zeitalter Ludwig des Vierzehnten erzählte Geschichte von E. Z. Hoffmann, ist spannend, und gut kostumiert: sie ist um so schöner erzählt, als sie den Leser um die Länge täuscht, die durch das häufig redend Einführen der handelnden Personen entsteht. Wir sind nicht orientiert, wie vieles von der Ausmahlung dieser Erzählung aus historischen Quellen genommen ist, finden aber darin eine sehr sinnreiche und wahrscheinliche Erklärung einer fürchterlichen Thatsache, die sich vor wenigen Jahren in London wiederholte, indem sich viele unserer Leser des Monsters erinnern werden, das den Zeitungen zufolge zahlreiche Mordanfälle versuchte.“

Sogar der Rezensent der Hoffmann i.a. reserviert gegenüberstehenden, durch Goethes Haltung inspirierten **„Jenaischen Allgemeinen Literaturzeitung“** (**1820**, Sp. 43/44. Gez. R. R. = **R. R. Cramer**) gewinnt dieser Hoffmannschen Erzählung positive Seiten ab: „... Unter den Erzählungen, welche das diesjährige Taschenbuch darbietet, zeichnet sich die Hoffmann'sche, das "Fräulein von Scuderi", aus. Der charakteristische Werth dieser Darstellung scheint uns in der genialen Leichtigkeit zu liegen, mit der der Vf. nicht geringe Unwahrscheinlichkeiten beseitigt, oder vielmehr im Bewußtseyn der Meisterschaft der Erzählgabe so darüber hinschreitet, daß der gewöhnliche Leser gar nichts davon merkt..."

Nicht alle Rezensionen in den damals führenden Literaturgazetten waren positiv, so schreibt etwa der Kritiker der „**Allgemeinen Literaturzeitung**" vom Jahr **1822**. III. Bd. Halle 1822, Sp. 454/55 u.a. folgendes:

„... Ob (aber) der Goldschmidt Cardillac, der die Hauptfigur in diesem Gemälde bildet, der Wirklichkeit angehöre, weiß Rec. nicht, und möchte es zur Ehre der Menschheit lieber bezweifeln, wiewohl in diesem Fall der Vf. der Erzählung unmöglich dem Vorwurf entgehen kann, sein Talent durch Erfindung eines scheußlichen moralischen Ungeheuers gemißbraucht zu haben. Das ganze Schauergemälde scheint für solche berechnet, auf deren Empfindungssystem nur noch durch starken Ueberreiz gewirkt werden kann; die Technische Anlage ist nicht sonderlich, denn es enthält manchs gedehnte und rundet sich schlecht..."

Aus der Fülle überregionaler Reaktionen auf Hoffmanns Scuderi-Novelle seien hier einige wenige Beispiele gegeben. So schreibt **Charlotte von Schiller** (Schillers Gattin) am **5. 2. 1820** an Goethes Freund Carl Ludwig von Knebel: „Der so sehr gepriesene Hoffmann, den ich nicht so hoch stelle wie Frau von Goethe und ihre Freundinnen, hat eine Erzählung bearbeitet: ‚Der Goldschmied', welche Geschichte in der Zeit Ludwig's des XIV. vorgegangen und Madame de Maintenon und Mademoiselle Scudéry eine Rolle spielen. Es ist das Beste, was ich von Hoffmann gelesen; es ist so schön erzählt, so verständig und in einer Folge dargestellt, daß man sich darüber erfreuen muß."[111)]

[111)] Aufzeichnungen, S. 301

Eine längere durch und negative Auslassung stammt von **Rahel Varnhagen von Ense** (Rahel. Ein Buch des Andenkens für ihre Freunde. Hrsg. von Karl August von Ense. Berlin 1834). Wesentlich günstiger ist das Urteil der beiden Schriftsteller **Friedrich Baron de la Motte-Fouqué** (Verfasser der Erzählung „Undine", von Hoffmann als Operlibretto benutzt und vertont; Freund Hoffmanns) und **Willibald Alexis** (d. i.: Wilhelm Heinrich Häring, 1798-1871). **Alexis** schreibt in einer Rezension in **„Hermes oder kritisches Jahrbuch der Literatur**. IV. Stück für das Jahr **1821**". Nr. XII der ganzen Folge. Leipzig: Brockhaus, S. 34, zu Novellen von Ernst von Houwald: ... „Hoffmanns Fräulein Scudery ist, so wie sie die vollendetste unter des Dichters eigenen Arbeiten ist, auch eine der besten unter den deutschen Novellen, welche getreu und doch mit dem höchsten Interesse das Leben einer Zeit, welche sonst für das deutsche Gemüth wenig Anziehendes hat, schildert. ..."

Der dramatische Stoff der Hoffmannschen Erzählung regte Dramatiker und Stückeschreiber schon sehr bald an, Hoffmanns Erzählung dramatisch zu bearbeiten. Schon 1824 tauchten erste Bearbeitungen auf. So wurde am **19. Mai 1824** im Theater an der Wien in **Wien** ein Stück „**Der Diamantenraub zu Paris**", nach Hoffmanns „Fräulein von Scuderi", bearbeitet von (A.) Lewald uraufgeführt. Fast zur gleichen Zeit wurde in **Paris** (**25. Mai 1824**) das Stück: **„Cardillac, oder das Stadtviertel des Arsenals**" in französischer Originalfassung uraufgeführt, das dann in der deutschen Übersetzung unter genanntem Titel als „Melodrama in 3 Abteilungen mit Tanz, nach dem Französischen des Antony und Leopold auf die Bühnen kam, zunächst 1824 in Berlin. Die Übersetzung stammte von W. Stich. Cäsar von Leonhard gab unter dem Titel: Dramatische Versuche im 1. Band ein Stück: Das Fräulein von Scuderi. Nach Hoffmanns Erzählung. Stuttgart 1848, heraus. Von einer Reihe gleichzeitiger und späterer Bühnenbearbeitungen verdienen vor allem die Versionen von **Otto Ludwig**: **„Das Fräulein von Scuderi. Schauspiel in fünf Aufzügen nach E. T. A. Hoffmanns Erzählung**." (Gesammelte Werke. Mit einer Einleitung von Gust. Freytag. Berlin. **1870**) und die von **Ferdinand Lion**: „**Cardillac**". **Oper in drei Akten. Musik von Paul Hindemith**. (Op. 39) Mainz: Schott. **1926** der Erwähnung. Auch Hörspielbearbeitung und Verfilmung hat Hoffmanns Erzählung gefunden.

Wort- und Sacherklärungen:

(Seiten- und Zeilenverweise nach der Reclamausgabe)

S. 3, Z. 1 Straße St. Honoré: unweit des Louvre, parallel zur Rue de Rivoli.

S. 3, Z. 2 Magdalaine von Scuderi: Madeleine de Scudery (1607-1701), um 1680 also 73 Jahre alt. Verfasserin gefälliger Verse u. vielbändiger Heldenromane, wie sie dem Geschmack der tonangebenden Kreise des damaligen Frankreich entsprachen. Sie war bei Hofe geschätzt. Viele ihrer Werke führten Personen ihrer Zeit unter antiker Maske ein.

S. 3 Z. 4 Maintenon: Françoise d'Aubigné (1635-1719), Gattin des Dichters Paul Scarron, nach dessen Tod (1660) v. Ludwig XIV. zur Marquise de Maintenon erhoben. Mätresse, später Gattin Ludwigs XIV.

S. 4, Z.29 Clelia: der Roman 'Clélie' erschien 1654-60 in 10 Bänden. Um 1680 also bereits 20 Jahre alt. Hoffmann verfährt durchaus willkürlich mit den historischen Fakten und Daten.

S. 6, Z.20 Greveplatz: heute Place de l'Hôtel-de-Ville. Bis weit über 1789 hinaus öffentlicher Hinrichtungsplatz.

S. 6, Z.28 Marechaussée: berittene Polizei, nach der Revolution durch die Gendamerie ersetzt.

S. 8, Z.31 mit alchemistischen Versuchen: Versuche, Gold aus unedlen Stoffen zu gewinnen.

S. 9, Z. 8 Bastille: Stadtfestung in Paris, die als Gefängnis diente, 1790 abgebrochen.

S. 9, Z.37 Hotel Dieu: bis um 1600 einziges Krankenhaus in Paris, neben Notre Dame.

S.11, Z.31 Chambre Ardente: 'Brennende Kammer', so genannt nach der Fackelbeleuchtung des schwarz ausgeschlagenen Sitzungssaals.

S.12, Z.27 Louvois: François Michel le Tellier, Marquis de Louvois (1641-91), Kriegsminister Ludwig XIV., von bedeutendem Einfluß auf den König.

S.14, Z. 1 Argenson: Marc René de Paulmy, Marquis d'Argenson. Polizeidirektor von Paris.

S.14, Z.35 Louvre: Schloß der franz. Könige in Paris, am rechten Seine-Ufer, seit 1793 Museum.

S.15, Z.23 die Straße Nicaise: existiert nicht mehr. Sie befand sich an der Place du Carrousel und führte in die Gasse Honoré.

S.17, Z.26 Panegyrikus: überschwengliches Preis- und Lobgedicht.

S.18, Z.14 Supplik: Bittschrift.

S.18, Z.19 Un amant ...: Ein Liebender, der die Diebe fürchtet, ist der Liebe nicht wert.

S.18, Z.23 Tiraden: leerer Wortschwall.

S.18, Z.24 Beim heiligen Dionys: Anrufung des aus Rom kommenden hl. Dionysius (Saint Denis), Gründer der ersten christlichen Gemeinde in Paris, erster Bischof des Landes. Märtyrertod auf dem Montmartre um 270 n. Chr.

S.19, Z.31 die eitle Montespan: Françoise Athénais Marquise de Montespan (1641-1707), war nach der la Vallière und vor der Marquise de Fontanges die Geliebte Ludwigs XIV.

S.22, Z.16 René Cardillac: Hoffmann wählt den Namen willkürlich aus Voltaires 'Siècle de Louis XVI'.

S.23, Z.18 Louis: Abk. für Louisdor, franz. Goldmünze, seit Louis XIII.

S.25, Z.11 Emblemen: Emblem, lat. emblema, 'Sinnbild'.

S.25, Z.12 Racine: Jean Racine (1639-99), einer der großen frz. klassischen Dichter, vor allem Tragödiendichter, von der Marquise sehr geschätzt.

S.27, Z.13f. schön wie die Marquise von Fontange : Marie Angélique de Scoraille, Duchesse de Fontanges (1661-81). Sie stand vor der Maintenon in der Gunst des Königs.

S.29, Z.17 gar anmutige Verse: Das Stilprinzip der 'Elegantia' bestimmte weitgehend die Literatur des 17. Jahrhunderts.

S.29, Z.23f. Boileau Despréaux: Nicolas Boileau-Despréaux (1636-1711), der bedeutendste Literaturtheoretiker des 17. Jahrhunderts: L'Art poétique, 1674.

S.29, Z.28 Pontneuf: Seinebrücke in Paris, zwischen 1578 und 1604 erbaut, auf 12 Bogen ruhend, 229 Meter lang, 23 Meter breit.

S.31, Z.19 la Chapelle: Jean de la Chapelle (gest. 1723). Er war General-Einnehmer der Finanzen, schrieb auch einige Trauerspiele im Stile Racines.

S.31, Z.26 der architektische Doktor Perreault: Claude Perreault (1613-1688), Arzt, beschäftigte sich nebenher als Autodidakt in allen Künsten, die mit der Zeichenkunst und Mechanik verbunden sind. Bedeutender Architekt: Entwurf zur Fassade des Louvre.

S.33, Z.17 Conciergerie: Pariser Gefängnis für Untersuchungshäftlinge.

S.33, Z.25 ihr graute vor Desgrais: Die Strafverfolgungsorgane der chambre ardente werden neben den Verbrechern als zweite Geißel für die Bevölkerung von Paris erfahren.

S.43, Z.19 Tortur: Folter, Anwendung körperlicher Qualen zur Erzwingung eines Geständnisses.

S.49, Z.23 Blenden: Nischen.

S.55, Z.11 Trianon: Lustschloß im Park von Versailles, für die Maintenon von Ludwig XIV. gebaut.

S.59, Z.26f. Henriette von England: Henriette Anna (1644-70), Tochter Karls I. von England. Gattin Herzogs Philipps von Orleans. Sie starb im Alter von 26 Jahren eines plötzlichen Todes, ob vergiftet, ist nicht geklärt.

S.60, Z.24 Kirche St. Eustache: nahe dem Palais Royal, nördl. des Louvre.

S.65, Z.15f. Le vrai ...: Boileau: L'Art poétique III,: 'Zuweilen wirkt selbst Tatsächliches unwahrscheinlich'.

S.72, Z.34 Soer Louise ...: Die la Vallière ging 1675 ins Kloster.

Das Fräulein von Scuderi:

Interpretierende Inhaltsangabe

Hoffmann beginnt seine 'Kriminalgeschichte', indem er den Leser in das Paris Ludwigs XIV. führt, und zwar in die Straße St. Honoré, an das Haus der dazumal hochgeschätzten Autorin vielgelesener Heldenromane und galanter Verse, Madeleine de Scudery. Da die Geschichte um 1680 spielt, befand sich eben jene Dichterin im 73. Lebensjahr.

Auch in dieser Novelle Hoffmanns bemerkt der Rezipient gleich zu Anfang des Dichters Neigung, die Handlung seiner Erzählungen in die Stadt, hier in die Großstadt, zu verlagern, das unterscheidet seine Prosa durchaus von derjenigen der 'Romantiker'. 'Ritter Gluck' hatte Berlin – dazumal noch keine Großstadt im heutigen Sinn – und die Berliner Kunst- und Theaterwelt als Handlungsort, 'Der goldne Topf' Dresden als Schauplatz. Die Ereignisse, wenn man vom 'Goldnen Topf' absieht, begeben sich zudem noch um historische Persönlichkeiten, freilich nicht im Sinne historisch zuverlässiger Abläufe, sondern in durchaus fiktiver und im Umgang mit historischen Fakten willkürlicher Weise. Symptomatisch für die Erzählweise Hoffmanns ist, daß er sich nahezu für alle Erzählungen eines historischen Quellenstudiums unterzieht, wobei das Quellenmaterial mehr oder weniger zuverlässig genannt werden mag. Ob Hoffmann freilich mit seinen breiten und kritischen Sitten- und Zustandsschilderungen der Pariser Behörden-, Adels- und Verbrecherkreise offene oder versteckte Sozialkritik betreiben wollte, muß dahingestellt bleiben.

Um Mitternacht, im Herbste des Jahres 1680, – hier wird gleich die Atmosphäre des Unheimlichen und Dunklen beschworen – wird an das Haus der berühmten Autorin heftig 'angeschlagen'. Der Diener des betagten Fräuleins, Baptiste, befand sich just in jener Nacht außer Hauses, so daß nur das Fräulein selber und ihre Kammerfrau, die Martiniere, im Haus weilen. Es könnte sich demgemäß, da die Situation auf den Pariser Straßen tumultuarisch ist und von verderblichen und verbrecherischen Elementen beherrscht wird, um einen Anschlag, um einen geplanten Coup, gegen die berühmte Dichterin handeln. Der Martiniere kam sogleich 'aller Frevel von Einbruch, Diebstahl und Mord, wie er jemals in Paris verübt worden, in den Sinn'.[112] Die Schläge dröhnen, an Heftigkeit stets zunehmend, fort, dazwischen vermeint die Martiniere eine um Einlaß flehende und drohende Stimme zu vernehmen.

In ihrer Verzweiflung versucht die Dienerin den ungebetenen Gast, indem sie ihre Stimme zu verstellen sucht und eine Aufforderung an verschiedene Diener vortäuscht, von der Haustür zu vertreiben.

Im Mondstrahl gewahrt sie durch ein Fenster 'eine lange, in einen hellgrauen Mantel gewickelte Gestalt, die den breiten Hut tief in die Augen gedrückt hatte'.[113] Verführt durch den sanfter werdenden, bittenden und klagenden Ton, öffnet sie schließlich die Haustüre. Sogleich jedoch bereut sie diese voreilige Handlung, denn ihre anfänglich düstere Ahnung scheint sich zu bestätigen: der Bittsteller entpuppt sich blitzschnell als ein gefährlicher und skrupelloser Eindringling, der nicht davor zurückschreckt, die Martiniere mit einem Dolch zu bedrohen, da sie sich nicht sogleich bereit erweist, dem Eindringling den Zutritt zu ihrer Herrin zu gestatten. Dennoch bleibt die Martiniere standhaft, auch als der Eindringling kundtut, daß er genauestens über die augenblickliche Situation im Hause unterrichtet ist und weiß, daß die Scuderi noch mit dem Manuskript ihres Romans Clelia beschäftigt ist. Erst als auf der Straße Huftritte der berittenen Marechaussee, der Pariser Polizeitruppe, vernehmbar werden und die Martiniere um Hilfe und Beistand ruft, gelingt es, den Eindringling zur Flucht zu bewegen. Zuvor freilich hatte der junge Mann, als solchen hatte sie ihn erkannt, der Martiniere ein Kästchen in die Hand gedrückt.

---

[112] Reclam, S. 3
[113] Reclam, S. 4

In diesem unheimlichen und dramatischen Augenblick kehrt der Diener Baptiste zurück. Sein Bericht von einer Polizeiaktion und den dramatischen Verbrecherjagden in der Nähe des Hauses, der darin gipfelt, daß Desgrais, der Anführer der Marechaussee, noch in dieser Nacht und womöglich in dieser Straße einen der Verbrecher zu stellen gedenke, verstärkt den kriminalistischen Eingang der Erzählung in erheblichem Maße.

Die Martiniere und Baptiste sind sich sicher, daß jener Eindringling zu der Gruppe der Marodeure gehört, vielleicht sogar deren Anführer ist, und daß er mit Sicherheit einen Anschlag auf das Fräulein von Scuderi geplant hatte. Sie überlegen, ob sie das zurückgebliebene Kästchen in die Seine werfen sollen, da sie möglicherweise Gift in ihm vermuten, oder ob sie es dem Fräulein übergeben sollen. Letztlich kommen sie zu der Überlegung, daß sie es dem Fräulein unter dem Bericht über die Vorfälle in der Nacht - von denen die Scuderi nichts bemerkt hatte - und dem Hinweis auf mögliche Vorsichtsmaßregeln übergeben wollen.

Daß Baptistes und der Martinieres Befürchtungen begründet sind, wird von Hoffmann nun durch einen langen eingeschobenen Bericht über die Pariser Verbrecherwelt erhärtet und intensiviert: 'Gerade zu der Zeit war Paris der Schauplatz der verruchtesten Greueltaten, gerade zu der Zeit bot die teuflischste Erfindung der Hölle die leichtesten Mittel dazu dar.' [114]

Es folgt eine eindrucksvolle Schilderung der Alchimistenszenerie, die in verbrecherische Bahnen ausgeufert war und sich bei ihren Bemühungen, den Stein der Weisen zu finden, unversehens in die Giftmischerei verstiegen hatte. Hoffmann berichtet von dem deutschen Apotheker Glaser und seinem italienischen Gehilfen Exili, die ein nicht nachweisbares Giftpulver entwickelt und unter die Leute gebracht hatten, ferner von der entarteten und skrupellosen Marquise de Brinvillier und ihrem Geliebten, dem Hauptmann Godin de Sainte Croix

---

[114] Reclam, S. 8

und dessen Gehilfen la Chaussee, die unter dem Deckmantel der Ehrbarkeit und Caritas die scheußlichsten Untaten vollbrachten und nahezu ihre gesamte Familie aus Raffgier und Haß vernichteten und darüber hinaus völlig unschuldige Menschen dem Gifttode überlieferten. Nach ihrer Entdeckung und Hinrichtung zeigte sich, daß die teuflische Giftmischerkunst sich auf geheimnisvolle Weise fortvererbt hatte, und zwar in einem noch gesteigerten Maße, so daß jeder jedem in Paris verdächtig erschien und die Menschen bis in ihre Familien hinein von berechtigtem Argwohn und Mißtrauen verfolgt wurden.

Um dem satanischen Unwesen zu steuern, ernannte der König speziell zur Verfolgung der Giftmorde eine besondere Verfolgungsbehörde, die Chambre ardente, der la Regnie als Präsident vorstand. Die Chambre ardente, d. h. la Regnie, und der bereits erwähnte Desgrais, Offizier und Anführer der Marechaussee, gerieten auf diese Weise in einen Kompetenzstreit und Konkurrenzkampf, der sich zuweilen ohne Rücksicht auf Unschuldige und die Bevölkerung austobte: es wurden Menschen massenhaft unschuldig, lediglich auf vagen Verdacht hin, eingesperrt und hingerichtet.

Nachdem es Desgrais gelungen war, eine andre Hauptakteurin des Giftmischerarsenals im Gefolge Exilis und Sainte Croix's dingfest zu machen, nämlich die alte Wahrsagerin und Spiritistin la Voisin mit ihren Spießgesellen le Sage und le Vigoureux - sie wurde auf dem Greveplatz öffentlich dem Feuertode preisgegeben - entbrannte, da man der minutiösen Aufzeichnungen und der Protokolle der Voisin habhaft geworden war, erst recht eine Welle grausamster Exzesse der Chambre ardente gegen die gesamte Bevölkerung, und zwar ohne Ansehn der jeweiligen Standeszugehörigkeit einer Person. Neben den Verbrechern wurde somit die Chambre ardente zu einer zweiten Geißel für die Bewohner von Paris.

Als es endlich gelungen war, die Giftmordserie zu beenden, wurden die Pariser von einer anderen Greuelwelle heimgesucht: 'Eine Gaunerbande schien es darauf angelegt zu haben, alle Juwelen in ihren

Besitz zu bringen'.[115] 'Jeder, der es wagte, zur Abendzeit Juwelen bei sich zu tragen (wurde) auf offener Straße oder in finstern Gängen der Häuser beraubt, ja wohl gar ermordet'.[116] 'Die ermordeten, wie sie beinahe jeden Tag auf der Straße oder in den Häusern lagen, hatten alle dieselbe tödliche Wunde. Einen Dolchstich ins Herz, nach dem Urteil der Ärzte so schnell und sicher tötend, daß der Verwundete, keines Lautes mächtig, zu Boden sinken mußte'.[117]

Attentate dieser Art richteten sich nun ausschließlich gegen die Reichen und Adeligen, und so geriet vor allem die Hofgesellschaft in äußerste Kalamität, denn 'wer war an dem üppigen Hofe Ludwig des XIV., der nicht in einen geheimen Liebeshandel verstrickt, spät zur Geliebten schlich und machmal ein reiches Geschenk bei sich trug?'[118] Vergebens versuchten Argenson, der Polizeiminister, und la Regnie durch scharfe Repressalien gegen Verdächtige, den Tätern auf die Spur zu kommen.

Von dem auf diese Weise geraubten Schmuck tauchte nie jemals ein Stück wieder auf, so daß auch auf diese Art keine Nachforschungen möglich wurden. Auch Desgrais Trick, sich mehrere Doppelgänger zuzulegen, verfing nicht, die Gauner schienen über alle Maßnahmen der Polizei informiert.

Höchst dramatisch gestaltet Hoffmann den Bericht des Desgrais vor dem Präsidenten la Regnie, in dem er schildert, wie er einem Mordversuch beigewohnt hat und la Regnie begierig-lüstern der Auflösung des Rätsels entgegenharrt - aber der Mörder war nach langer Verfolgungsjagd Desgrais und der Marechaussee auf unerklärliche Weise durch die Mauer entkommen: 'nennt mich', fährt Desgrais fort, sich die Stirne reibend wie einer, den böse Gedanken plagen, 'nennt mich, gnädiger Herr, immerhin einen Rasenden, einen törichten Geisterseher, aber es ist nicht anders, als wie ich es euch erzähle. Erstarrt stehe ich vor der Mauer, als mehrere Häscher atemlos vorbeikommen; mit ihnen der

---

115),116),117),118) Reclam, S. 13

Marquis de la Fare, der sich aufgerafft, den bloßen Degen in der Hand. Wir zünden die Fackeln an, wir tappen an der Mauer hin und her; keine Spur einer Türe, eines Fensters, einer Öffnung. Es ist eine starke steinerne Hofmauer die sich an ein Haus lehnt, in dem Leute wohnen, gegen die auch nicht der leiseste Verdacht aufkommt.'[119] Diese schier unfassliche Schilderung trägt dazu bei, daß die Bevölkerung glaubt, die Schurken stünden mit dem Teufel im Bunde.

Argenson fordert vom König neben der Chambre ardente einen noch wirksameren mit größerer Macht ausgestatteten Gerichtshof. Der König lehnt jedoch ab, da ihm bereits die Maßnahmen der Chambre zu rigoros waren.

Auch die Betroffenen, die galanten Liebhaber, wandten sich mit einer heroisch-galanten Supplik an den König mit der Bitte und Hoffnung auf Abhilfe. Das Bitt- und Preisgedicht, so berechtigt es erschien, erregte in den Salons des Königs Aufsehen und Heiterkeit. Der König sucht den Rat der Marquise von Maintenon und des Fräuleins von Scuderi. Die Scuderi - als Dichterin - antwortet in galant-höfischer Weise: 'Un amant, qui craint les voleurs, n'est point digne d'amour.' Das klingt ein wenig literarisch und frivol angesichts der ernsten Lage.

Hier nun endet Hoffmanns Sitten- und Zustandsschilderung und die Geschichte knüpft wieder an die Episode im Haus der Scuderi nach dem nächtlichen Vorfall an. Die Martiniere schildert dem Fräulein die Vorgänge der vergangenen Nacht. In dem Kästchen findet die Scuderi einen kostbaren und reichverzierten Schmuck, zugleich aber auch einen kleinen zusammengefalteten Zettel, auf dem jener etwas unbedachte Spruch der Scuderi aufgezeichnet stand. Die Scuderi, in der Meinung, daß sich die Gauner ihren Spruch zum Wahlspruch erkoren haben, ist aufs tiefste erschüttert, zumal der sich an die Verse anschließende erklärende Text mit der unheimlichen Signatur 'Die Unsichtbaren' unterzeichnet ist. Die Scuderi muß des Glaubens sein, daß dieser Schmuck mörderische Diebesbeute sei.

---

[119] Reclam, S. 15/16

Das Fräulein begibt sich mit dem Schmuck sogleich in den Salon des Königs, um dort mit ihrer Vertrauten, der Maintenon, zu beraten, was mit dem Schmuck anzufangen sei. Die Maintenon als Schmuckliebhaberin und Schmuckkennerin erkennt auf den ersten Blick, daß es sich nur um ein Meisterwerk des damals berühmtesten Goldschmieds in Paris, René Cardillacs, handeln kann. Hoffmann nutzt die Gelegenheit, sogleich eine genaue Charakteristik Cardillacs einzufügen: 'René Cardillac war damals der geschickteste Goldarbeiter in Paris, einer der kunstreichsten und zugleich sonderbarsten Menschen seiner Zeit ... Wäre Cardillac nicht in ganz Paris als der rechtlichste Ehrenmann, uneigennützigst, offen, ohne Hinterhalt, stets zu helfen bereit, bekannt gewesen, sein ganz besonderer Blick aus kleinen, tiefliegenden, grün funkelnden Augen hätten ihn in den Verdacht heimlicher Tücke und Bosheit bringen können ...'[120] Der Dichter stellt von vorneherein das Doppelbödige und Vielschichtige in Cardillacs Erscheinungsbild und Wesen heraus. Einerseits verkörpert er den Künstler par excellence, andererseits geht etwas Unheimliches und Unberechenbares von seinem Wesen aus. Das Zwiespältige und Absonderliche Cardillacs zeichnet Hoffmann deutlich in des Goldschmiedes Verhältnis zu kostbarem Geschmeide. Alle Aufträge übernahm Cardillac 'mit brennender Begierde' zu einem Spottpreis. Die Arbeit an den Aufträgen vollführte er mit Besessenheit, er hantierte so lange an dem Geschmeide und an dem Schmuck, bis daß er ein Meisterwerk vollbracht hatte. Nun freilich wollte er sich von den bestellten Arbeiten nicht trennen, und es kam zu den skurrilsten und absurdesten Szenen, wenn er den Schmuck irgendwann doch dem Auftraggeber aushändigen mußte. Cardillac betrug sich dann über alle Maßen wunderlich und toll. Gar nicht erklärbar war es zuweilen, 'daß Cardillac oft, wenn er mit Enthusiasmus eine Arbeit übernahm, plötzlich den Besteller mit allen Zeichen des im Innersten aufgeregten Gemüts, mit den erschütterndsten Beteuerungen, ja unter Schluchzen und Tränen

---

[120] Reclam, S. 22

bei der Jungfrau und allen Heiligen beschwor, ihm das unternommene Werk zu erlassen'[121] So verweigerte er auch dem König und der Maintenon jegliche Goldschmiedearbeit.

Die Maintenon schickte unterdessen einen Boten zu Cardillac, auf daß er sich in den Salon des Königs bemühe, um den fatalen Schmuck aus jenem Kästchen zu identifizieren. Wider Erwarten tritt Cardillac schneller als erwartet bei der Maintenon ein, so als habe er sich bereits auf dem Wege zu ihr befunden. Die Anwesenheit der Scuderi im Salon macht ihn in besonderem Maße betreten. Indem er den Schmuck sogleich in das Kästchen packt und beiseite schiebt, versichert er, 'indem ein häßliches Lächeln auf seinem roten Antlitz gleißte: 'In der Tat, Frau Marquise, man muß René Cardillacs Arbeit schlecht kennen, um nur einen Augenblick zu glauben, daß irgendein anderer Goldschmied in der Welt solchen Schmuck fassen könnte.'[122] Er bekennt, daß er diesen Schmuck für sich allein, als ein ganz besonders exquisites Stück, bestimmt habe, daß er ihm aber auf unerklärliche Weise abhanden gekommen sei. Die Scuderi berichtet nun die abenteuerliche Geschichte, wie sie an das Kästchen gekommen ist. Cardillac lauscht dieser Erzählung aufmerksam und unter wunderlichen Gebärden, noch wunderlicher und eigentümlicher verhält er sich, als er nach dem Bericht der Scuderi dieser das Kästchen mit dem Schmuck zu dedizieren sich unterfängt. Cardillac stürzte nieder auf die Knie 'küßte der Scuderi den Rock - die Hände - stöhnte - seufzte - weinte - schluchzste - sprang auf - rannte wie unsinnig, Sessel -Tische umstürzend, daß Porzellan, Gläser zusammenklirrten,in toller Hast von dannen.'[123]

Die Marquise von Maintenon erklärt das sonderbare Verhalten des Goldschmieds mit einer geheimen Verliebtheit des Künstlers in das

---

[121] Reclam, S. 24/25
[122] Reclam, S. 26
[123] Reclam, S. 28

Fräulein von Scuderi, zugleich entwickelt sie in geheimem Spott das Bild einer zukünftigen dreiundsiebzigjährigen Goldschmiedsbraut von untadeligem Adel.

Trotz der erheiternden und skurrilen Note, die sich in die Szenerie einschleicht, bleibt die Scuderi voller Würde und Überlegenheit. Ihr graust vor dem ihr aufgedrungenen Schmuck, an dem ihr das Blut jener frevlerischen Verbrecherbande zu kleben scheint und sie schwört sich, diesen Schmuck niemals anlegen zu wollen. Dennoch bringt die Scuderi die Szene der vermeintlichen Brautwerbung Cardillacs im Stile der Zeit in anmutige Genreverse, die den König bei einem Vortrag höchlichst zu amüsieren vermochten.

Einige Monate nach diesen Ereignissen fuhr das Fräulein in einer Glaskutsche über die damals berühmteste Seinebrücke, den Pontneuf, als plötzlich aus einer Menschenansammlung von gaffenden Zuschauern sich ein junger Mann löste und auf die Kutsche zustürmte. Die Scuderi trafen die 'durchbohrenden Blicke eines todbleichen, gramverstörten Jünglingantlitzes'.[124] Der Mensch arbeitet sich an den Wagenschlag heran und schleuderte einen Zettel in das Innere des Wagens, im gleichen Augenblick sank die Martiniere, welche ihre Herrin begleitete, mit einem Aufschrei in Ohnmacht. Sie hatte, wie sie kurz danach berichtete, in dem jungen Menschen den gewalttätigen Eindringling wiedererkannt.

Der Zettel enthielt die Aufforderung an die Scuderi, den bewußten Schmuck im Kästchen so schnell wie möglich an René Cardillac auszuliefern: 'Euer Wohl, Euer Leben hängt davon ab.'[125]

Die Scuderi ist nun von der Unschuld des jungen Mannes insgeheim überzeugt, selbst wenn er zu der geheimnisvollen Bande der Unsichtbaren gehöre, und auch davon, daß er nichts Böses gegen sie im Schilde führe, zugleich steigt eine ungewisse Ahnung von geheimnisvollen Zusammenhängen in ihrer Seele auf. Sie beschließt, der

---

[124] Reclam, S. 30
[125] ebd., S. 30

Warnung des unbekannten jungen Menschen zu folgen und den Schmuck an Cardillac zurückzuschaffen.

Galante höfische Verpflichtungen hielten sie am nächsten Tage ab, die Schmuckstücke an Cardillac zurückzubringen, insgeheim verursacht ihr dies wahren Kummer, da sie davon überzeugt ist, daß es auf schnelles Handeln ankomme.

Am darauffolgenden Tage macht sie sich schon in aller Frühe in ihrer Kutsche zum Hause des Goldschmieds auf. Nun freilich bestätigen sich ihre dunklen Vorahnungen, daß sie zu spät kommen könne. Vor dem Hause Cardillacs findet sie eine Ansammlung lärmender und tobender Menschen. Man schreit: 'Zerreißt, zermalmt den verfluchten Mörder!'[126] Auch Desgrais erscheint mit seiner Mannschaft. Die Haustür springt auf, und ein junger Mensch wird in Ketten hinausgeführt. Zugleich ertönt das furchtbare Jammergeschrei eines jungen Mädchens, welches Degrais immer wieder versichert, daß jener Mensch, den man in Ketten abgeführt habe, unschuldig sei. Nachdem das junge Mädchen brutal mißhandelt worden ist, hält es die Scuderi nicht länger in der Kutsche, sie steigt aus und bittet Degrais um Auskunft. Dieser berichtet vom Mord an Cardillac, den man erstochen in seiner Wohnung gefunden habe. Als Täter käme nur sein Geselle Olivier Brusson in Frage. Das junge Mädchen sei Madelon, die Tochter Cardillacs und die Geliebte Brussons. Auch sie gerät in den Verdacht der Mittäterschaft. Der Anblick jedoch des engelhaften Wesens überzeugt die Scuderi von der Unschuld dieses Mädchens und sie erbittet sich von Degrais das Mädchen zur vorläufigen Betreuung aus.

Madelon gibt der Scuderi nun einen Bericht von den Vorfällen in Cardillacs Haus. Um Mitternacht war sie von Olivier geweckt worden, der ihr entdeckte, daß ihr Vater im Sterben liege. Der Vater habe in seiner Werkstatt im Todeskampfe gelegen. Olivier habe eine tiefe Wunde auf der linken Brust des Sterbenden versorgt, aber das sei vergeblich gewesen, der Vater habe im Todeskampf noch ihrer beider Hände,

---

[126] Reclam, S. 32

Oliviers und Madelons, gesucht und ineinander gelegt. Die beiden haben dann so lange und laut gejammert, daß die Hausbewohner aufmerksam geworden seien. Diese haben die Marechaussee herbeordert, die dann Olivier als den mutmaßlichen Mörder abgeführt hätten. 'Madelon fügte nun die rührendste Schilderung von der Tugend, der Frömmigkeit, der Treue ihres geliebten Oliviers hinzu. Wie er den Meister, als sei es sein eigener Vater, hoch in Ehren gehalten, wie dieser ihm seine Liebe in vollem Maß erwidert, wie er ihn trotz seiner Armut zum Eidam erkoren, weil seine Geschicklichkeit seiner Treue, seinem edlen Gemüt gleichgekommen.'[127)]

Die Scuderi hatte nicht den geringsten Anlaß, an der Schilderung des jungen Mädchens zu zweifeln. Auch bei ihren Nachforschungen und Erkundigungen wurden Madelons Worte nur bestätigt. Alle Nachbarn und Hausleute rühmten Olivier als das Muster eines treuen und fleißigen Gesellen.

Vor der Chambre ardente wiederholte Olivier auf das freimütigste seine Geschichte und behauptete, daß Cardillac auf der Straße in seiner Gegenwart niedergestochen worden sei und daß er ihn nach Hause geschleppt habe.

Die Scuderi konnte auch bei ausgiebigen Reflexionen über die Tat und über Olivier keinen Makel an ihm entdecken, so beschloß sie, ihn gegen alle Indizienbeweise in Schutz zu nehmen und ihn vor dem Tribunal zu retten.

Das Fräulein wandte sich an la Regnie und ließ ihn ihre Zweifel an der Schuld des Olivier wissen. La Regnie hörte sich die lange Apologie des Fräuleins mit hämischem Lächeln an, um ihr dann dennoch eine durch den naiven Charme der Madelon verursachte Leichtgläubigkeit und Unsachlichkeit vorzuwerfen. Mit strenger Folgerichtigkeit entwickelt er dem entsetzt lauschenden Fräulein eine scheinbar unwiderlegbare Indizienkette gegen Olivier und auch gegen Madelon, die er für eine Komplizin des Olivier hält, der das Fräulein mit Argumenten

---

127) Reclam, S. 35

nicht beikommen kann. Auf des Fräuleins Einwurf, Madelon sei ein unschuldiges Kind, erinnert er an die scheinbar tugendhafte Brinvillier. Schwerwiegend und unwiderlegbar sind die Belastungen des la Regnie: Cardillac ist wie gewohnt abends um neun Uhr zu Bett gegangen, wie die Hausbewohner beschwören können. Zuvor hatte er die schwere Haustüre für jedermann im Hause vernehmlich verrammelt. Einige Stunden später hörten die Hausbewohner einen schweren Fall und dann ein Todesseufzen. Die Mordwaffe wurde bei Olivier gefunden und seit seiner Verhaftung hatten die Morde in Paris aufgehört. Olivier, so führt la Regnie aus, wäre längst auf dem Greveplatz enthauptet worden, stünde er nicht in Verbindung mit der geheimnisvollen Verbrecherbande der Unsichtbaren, auf deren Spur la Regnie durch Olivier zu kommen hoffe. Die kalte inhumane Art der Beweisführung, wie auch der Charakter la Regnies, lassen die Scuderi erschauern. Dennoch bittet sie ihn, Olivier sprechen zu dürfen, was ihr la Regnie nach einigem Widerstand zugesteht. Trotz aller Indizien gegen Olivier vertraut die Scuderi immer noch ihrem Gefühl, das ihr Oliviers Unschuld suggeriert.

Der Anblick Oliviers in der Conciergerie verursacht einen Ohnmachtsanfall der Dichterin, sie erkennt in Olivier den jungen Menschen, der ihr auf dem Pontneuf jenen bewußten Zettel in den Wagen geworfen hatte. Auf dem Heimwege fällt sie in tiefe Zweifel an Olivier und Madelon, nun glaubt auch sie sich hintergangen: 'So wurde manches, was ihr als Beweis der Unschuld und Reinheit gegolten, sicheres Merkmal freveliger Bosheit, studierter Heuchelei.'[128)]

'Ganz zerissen im Innern, entzweit mit allem Irdischen, wünschte die Scuderi, nicht mehr in einer Welt voll höllischen Truges zu leben. Sie klagte das Verhängnis an, das in bitterm Hohn ihr so viele Jahre vergönnt, ihren Glauben an Tugend und Treue zu stärken, und nun in ihrem Alter das schöne Bild vernichte, welches ihr im Leben geleuchtet.'[129)]

---

128) Reclam, S. 41
129) Reclam, S. 42

Die Seufzer Madelons, die traurige Verzweiflung auf ihrem klaren Antlitz stürzen die Scuderi jedoch wiederum in tiefste Zweifel. Insgeheim kann und mag sie nicht an die Blutschuld Oliviers und Madelons glauben.

Da geschieht etwas Unerwartetes: Desgrais bemüht sich selber in der Scuderi Haus mit dem Anliegen, die Scuderi möge Olivier doch anhören, dieser sei seit sie ihn gesehen, rasend und verlange sie zu sprechen, ihr allein wolle er sich rückhaltlos anvertrauen. La Regnie unterstütze diese Ansinnen, da er sich aus Oliviers Aussage genauere Anhaltspunkte erwarte, die zur Liquidation der noch frei herumlaufenden Bande führen könne. Das Fräulein weist den Plan, sie als Spitzel der Polizei zu mißbrauchen, entrüstet zurück. Desgrais jedoch räumt der Scuderi alle Freiheiten für die Unterredung mit Brusson ein, sie darf unter vier Augen und ohne Einschränkungen mit Olivier in ihrem eigenen Hause sprechen. Dem kann die Scuderi zustimmen, zumal sie immer noch auf einen Geheimnishintergrund hofft, der, wenn er ersichtlich wird, zur Rettung der beiden Verdächtigen beitragen kann.

Die Begegnung des Fräuleins mit Brusson verläuft dann auch der geheimen Vorahnung der Scuderi entsprechend, dennoch aber auch in einer unerwarteten Wendung. Zunächst gibt sich Brusson als der von der Scuderi längst vergessene Ziehsohn zu erkennen, der als kleines Kind mütterlich von der Scuderi betreut worden war, dann aber erzählt er seine erstaunliche Lebensgeschichte. Olivier war bei Cardillac als äußerst geschickter Lehrling ausgebildet worden. Es entspann sich, wie vorauszusehen war, eine Liebesbeziehung zwischen der lieblichen Madelon und dem jungen Olivier, die von Cardillac nicht gebilligt wurde, da Olivier aus armen Verhältnissen stammte: 'Warum ich dich hier nicht mehr dulden kann, brauche ich dir nicht zu sagen. Für dich armen Schlucker hängt die süße Frucht zu hoch, nach der du trachtest!' 'Ich wollte reden, er packte mich aber mit starker Faust und warf mich zur Türe hinaus, daß ich niederstürzte und mich hart verwundete an Kopf und Arm.'[130]

---

[130] Reclam, S. 50

Olivier kam in der Nähe bei Verwandten unter. Der Gedanke an Madelon ließ ihn freilich nicht ruhen, und so trieb er sich gegen Abend jeweils um Cardillacs Haus herum. Eines Nachts bemerkt er Licht in des Meisters Werkstatt, was Olivier verwundert, da Cardillac sonst nie abends oder nachts in der Werkstatt arbeitete. Olivier drückt sich in den Schatten der Hausmauer, um nicht gesehen zu werden, plötzlich weicht er entsetzt von der Mauer zurück, da sie sich bewegt und eine versteckte Tür in der Mauer, die von außen nicht wahrnehmbar ist, sich dreht. Heraus tritt eine finstere Gestalt, die 'leisen Schrittes die Straße hinabgeht.'[131] Unhörbar folgt Olivier dieser Gestalt und erkennt in einem plötzlichen Lichtstrahl seinen Meister René Cardillac. 'Eine unbegreifliche Angst, ein unheimliches Grauen überfällt mich. Wie durch Zauber festgebannt, muß ich fort - nach - dem gespenstischen Nachtwanderer. Dafür halte ich den Meister, unerachtet nicht die Zeit des Vollmonds ist, in der solcher Spuk die Schlafenden betört. Endlich verschwindet Cardillac seitwärts in den tiefen Schatten. An einem kleinen, wiewohl bekannten Räuspern gewahre ich indessen, daß er in die Einfahrt eines Hauses getreten ist. 'Was bedeutet das, was wird er beginnen?' So frage ich mich selbst voll Erstaunen und drücke mich dicht an die Häuser. Nicht lange dauert's, so kommt singend und trillerierend ein Mann daher mit leuchtendem Federbusch und klirrenden Sporen. Wie ein Tiger auf seinen Raub, stürzt sich Cardillac aus seinem Schlupfwinkel auf den Mann, der in dem selben Augenblick auf den Boden sinkt. Mit einem Schrei des Entsetzens springe ich heran, Cardillac ist über dem Mann, der zu Boden liegt, her. 'Meister Cardillac, was tut ihr?' rufe ich laut. 'Vermaledeiter!' brüllt Cardillac, rennt mit Blitzesschnelle bei mir vorbei und verschwindet.'[132)] Olivier bekümmert sich um den Ermordeten und merkt gar nicht, daß die Marechaussee ihn umringt. Man erkannte ihn aber als den Gesellen des René Cardillac und ließ ihn laufen, wenngleich er

---

131) Reclam, S. 50

132) ebd., S. 50

zugleich noch erfuhr, daß es sich um einen der gewohnten Routinemorde handelte, der ganz die Handschrift der bekannten Bande trüge.

Völlig verzweifelt und konsterniert kehrt Olivier in seine Dachkammer zurück, er kann nicht begreifen, daß sein Meister und der Vater seiner geliebten Madelon ein Mörder sein soll.

Bald darauf öffnet sich die Tür und Cardillac tritt in Oliviers Dachkammer. Der Goldschmied gibt sich ganz jovial, als sei nichts geschehen. Er lädt Olivier ein, wieder in seine Werkstatt und in sein Haus zurückzukehren. Als Olivier entsetzt schweigt, wird Cardillac boshaft: 'du willst vielleicht Desgrais besuchen oder dich gar einführen lassen bei d'Argenson oder la Regnie. Nimm dich in acht, Bursche, daß die Krallen, die du hervorlocken willst zu anderer Leute Verderben, dich nicht selbst fassen und zerreißen.!'[133]

Danach wieder fällt er in einen schmeichelnden Ton und führt die Liebe Madelons ins Spiel, sie harre auf Olivier und verzehre sich in Liebe und Zuneigung nach ihm. Die Liebessehnsucht treibt Olivier schließlich wieder in das Haus Cardillacs zurück und die Liebe zu Madelon, die vom Treiben ihres Vaters keine Ahnung hat, läßt ihn zum schweigenden - freilich passiven - Komplizen des Mörders werden.

'Die Scuderi, von Grausen erfüllt über die Untat eines Mannes, den sie für die Tugend, die Rechtschaffenheit selbst gehalten, rief: 'Entsetzlich! - René Cardillac gehört zu der Mordbande, die unsere gute Stadt so lange zur Räuberhöhle machte?' 'Was sagt Ihr, mein Fräulein', sprach Olivier, 'zur Bande? Nie hat es eine solche Bande gegeben. Cardillac allein war es, der mit verruchter Tätigkeit in der ganzen Stadt seine Schlachtopfer suchte und fand ...'[134] Olivier bezeichnet Cardillac als den verruchtesten und zugleich unglücklichsten Menschen. Warum er ihn den unglücklichsten Menschen nennt, wird im weiteren

---

[133] Reclam, S. 52

[134] Reclam, S. 53

Verlauf seiner Erzählung deutlich. Cardillac gibt dem Olivier zur Rechtfertigung seiner höllischen Taten eine Art Lebensbeichte. Seinen unwiderstehlichen Drang, sich mit Geschmeide zu beschäftigen und Schmuckstücke zu unübertroffenen Kunstwerken zu verarbeiten, leitet er aus einem grauenhaften Erlebnis seiner Mutter ab, das auf ihn, der damals als Embryo im Mutterleib war, in schrecklicher Weise einwirkte und sein Leben bestimmt hatte. Seine Mutter hatte ein Auge auf einen spanischen Kavalier geworfen, der eine blitzende Juwelenkette am Halse trug. Dieser Kavalier hatte der Tugend der Mutter vor ihrer Ehe bereits nachgestellt. Jetzt aber, im Schmuck der Juwelen, erschien er der jungen Frau als ein Wesen höherer Art. 'Ihr ganzes Wesen war Begierde nach den funkelnden Steinen, die ihr ein überirdisches Gut dünkten.'[135] Dem Kavalier gelang es, die junge Frau an einen einsamen Ort zu locken. 'Dort schloß er sie brünstig in seine Arme, meine Mutter faßte nach der schönen Kette, aber in demselben Augenblick sank er nieder und riß meine Mutter mit sich zu Boden. Sei es, daß ihn der Schlag plötzlich getroffen, oder aus einer anderen Ursache; genug, er war tot. Vergebens war das Mühen meiner Mutter, sich den im Todeskrampf erstarrten Armen des Leichnams zu entwinden. Die hohlen Augen, deren Sehkraft erloschen, auf sie gerichtet, wälzte der Tote sich mit ihr auf dem Boden. Ihr gellendes Hilfsgeschrei drang endlich bis zu in der Ferne Vorübergehenden, die herbeieilten und sie retteten aus den Armen des grausigen Liebhabers ... die Schrecken jenes fürchterlichen Augenblicks hatten mich getroffen. Mein böser Stern war aufgegangen und hatte Funken hinabgeschossen, der in mir eine der seltsamsten und verderblichsten Leidenschaften entzündet. Schon in der frühesten Kindheit gingen mir glänzende Diamanten, goldenes Geschmeide über alles ... Um nur mit Gold und edlen Steinen hantieren zu können, wandte ich mich zur Goldschmiedsprofession. Ich arbeitete mit Leidenschaft und wurde bald der erste Meister dieser Art. Nun begann eine Periode, in der der

---

[135] Reclam, S. 55

angeborne Trieb, so lange niedergedrückt, mit Gewalt empordrang und mit Macht wuchs, alles um sich her wegzehrend. Sowie ich ein Geschmeide gefertigt und abgeliefert, fiel ich in eine Unruhe, in eine Trostlosigkeit, die mir Schlaf, Gesundheit – Lebensmut raubte. – Wie ein Gespenst stand Tag und Nacht die Person, für die ich gearbeitet, mir vor Augen, geschmückt mit meinem Geschmeide, und eine Stimme raunte mir in die Ohren: 'Es ist ja dein – es ist ja dein – nimm es doch – was sollen die Diamanten dem Toten!' 'Da legt ich mich endlich auf Diebeskünste ... Jene unheimliche Stimme ließ sich dennoch vernehmen und höhnte mich und rief: 'Ho ho, dein Geschmeide trägt ein Toter!' - Selbst wußte ich nicht, wie es kam, daß ich einen unaussprechlichen Haß auf die warf, denen ich Schmuck gefertigt. Ja! im tiefsten Innern regte sich eine Mordlust gegen sie, vor der ich selbst erbebte.'[136] Cardillac berichtet darauf vom Kauf des mysteriösen Hauses, in dem sich ein Geheimgang befindet, der unmittelbar zu der Mauer führt, die mit einer unsichtbaren Geheimtür versehen ist, so daß man das Haus heimlich und unbemerkt verlassen kann. 'Dunkle Gedanken stiegen in mir auf, als ich diese Einrichtung sah, es war mir, als sei vorgearbeitet solchen Taten, die mir selbst noch Geheimnis blieben.'[137]

Dann folgt der Bericht von den Qualen, die ihm die Ablieferung eines Schmuckes in die Hand eines Unwürdigen – der Gegensatz: begnadeter Künstler – trivialer Spießbürger wird hier von Hoffmann eklatant herausgearbeitet – bereitete, wie unruhig und ohne Schlaf er sich auf seinem Lager hin und herwälzte, um dann schließlich den Geheimgang hinunterzuschleichen, durch die Mauer zu schlüpfen und besinnungslos einen Mord zu begehen, um wieder in den Besitz der kunstvollen Arbeit, die Cardillac als sein Werk, als sein Eigentum betrachtet, zu gelangen. 'Nun wußte ich, was mein böser Stern wollte, ich mußt ihm nachgeben oder untergehen! ... Glaube nicht, daß ich darum, weil ich tun muß, was ich nicht lassen kann, jenem Gefühl des

---

[136] Reclam, S. 56/57
[137] Reclam, S. 57

Mitleids, des Erbarmens, was in der Natur des Menschen bedingt sein soll, rein entsagt habe.'[138] Dies ist auch der Grund, warum Cardillac nicht für Personen, die ihm besonders lieb sind, arbeiten möchte. Er führt seinen Gesellen Olivier in ein geheimes Gemach, das einem königlichen Juwelenkabinett gleicht, und in dem der Goldschmied alle durch nächtliche Raubzüge wiedergewonnenen Schmuck aufbewahrt. 'Bei jedem Schmuck war auf einem kleinen daran gehängten Zettel genau bemerkt, für wen es gearbeitet, wann es durch Diebstahl, Raub oder Mord genommen worden.'[139] Cardillac nimmt seinem Gesellen das Versprechen ab, dieser möge an seinem Hochzeitstag einen Eid schwören, all diesen Schmuck nach dem Tode Cardillacs zu vernichten, damit die Welt und vor allem Madelon nichts von seinen Untaten erfahre. Olivier wird durch diese Beichte Cardillacs in einen grauenhaften Zwiespalt gestoßen: 'Gefangen in diesem Labyrinth des Verbrechens, zerrissen von Liebe und Abscheu, von Wonne und Entsetzen,war ich dem Verdammten zu vergleichen, dem ein holder Engel mild lächelnd hinaufwinkt, aber mit glühenden Krallen festgepackt hält ihn der Satan, und des frommen Engels Liebeslächeln, in dem sich alle Seligkeit des hohen Himmels abspiegelt, wird ihm zur grimmigsten seiner Qualen.'[140]

Eines Tages berichtet Cardillac dem Olivier von den Ereignissen in den Salons der Maintenon und Scuderi, dabei erwähnt er auch jenen galanten Vers der Scuderi: 'Un amant, qui craint les voleurs ...' Cardillac zieht seinen Gesellen noch weiter in sein Vertrauen, indem er von seiner großen Ehrfurcht vor der Person des Fräuleins von Scuderi erzählt und daß er beschlossen habe, aus Verehrung vor der großen Künstlerin, dieser ein adäquates Kunstwerk zu übereignen. Zugleich aber geschieht dies sozusagen aus dem anderen, künstlerischen und genialen Impetus des begnadeten Künstlers heraus, eine

---

138) Reclam, S. 58
139) ebd.
140) ebd.

große Kunstleistung mit einem gleichartigen Geschenk zu belohnen. Zusätzlich verbindet sich damit Cardillacs Absicht, Desgrais' und la Regnies Aktivitäten zu verhöhnen, indem er den Schmuck, den Oliver dem Fräulein überbringen solle, ein Schriftstück beifüge mit der Unterschrift der Unsichtbaren. Hier knüpft dann die Erzählung an die Vorkommnisse der ersten Szene dieser Novelle an.

Olivier gesteht, daß er bei der Erwähnung des Namens Scuderi in alle Träume der Kindheit zurückgeführt worden sei, und daß er die Absicht gehabt habe, sich dem Fräulein zu offenbaren und sein Geschick in ihre Hände zu legen im Vertrauen darauf, daß die Scuderi einen Weg gefunden hätte, Madelon und ihn aus den Klauen des Satans, ohne daß Madelon davon erfahren hätte, zu befreien. Deswegen habe er in jener Nacht das Fräulein unbedingt sprechen wollen.

Olivier berichtet, wie nach Ablieferung des Schmuckes, den Cardillac als sein 'Herzenskleinod' bezeichnet hatte, der Meister wieder in die alte unheimliche Unruhe wie vor jedem Mordanschlag verfallen sei. Brusson vermutete nahendes Unheil für die Scuderi, und es kam zu jener zweiten Begegnung mit der Scuderi in der gläsernen Kutsche auf dem Pontneuf, wo Olivier der Dichterin jenen Warnungszettel in die Kutsche geschleudert hat. Tatsächlich schleicht sich Cardillac des Nachts wieder durch den Geheimgang und durch die Mauer zu einem neuen Überfall. Olivier ist lautlos hinter ihm her und befürchtet Schlimmes für die Scuderi, aber Olivier hat sich getäuscht, Cardillac fällt über einen Offizier her, der sein Kunde war. Der Offizier freilich hatte einen solchen Überfall wohl eingeplant und ist schneller als Cardillac, und der tödliche Streich trifft diesmal nicht das beabsichtigte Opfer, sondern den Täter. Olivier bleibt nichts anders zu tun übrig, als seinen schwerverwundeten Meister durch den Geheimgang in sein Haus zurückzuschleppen.

Die Scuderi muß nach der Beichte Oliviers erkennen, daß dessen Schuld allein darin liegt, die Verbrechen von Madelons Vater nicht den Gerichten anzuzeigen. 'Ich will nicht, daß der ewigen Macht, die der tugendhaften Tochter des Vaters gräßliche Blutschuld verschleierte, zum Trotz, das ganze Elend der Vergangenheit, ihres ganzen Seins noch jetzt tötend auf sie einbreche',[141] bekennt Olivier. Lieber will er Blutschuld und Todesstrafe auf sich nehmen, als Madelon ins Verderben stürzen.

Nach des Olivier aufrührendem Bekenntnis, läßt die Scuderi Madelon in das Zimmer führen und die beiden Liebenden sinken sich in die Arme, auf die Erfindungsgabe und den Einfluß der Scuderi vertrauend, sie aus den Fängen der Justiz zu befreien.

Die Scuderi verfaßt nach langem Durchdenken der Situation eine lange Rechtfertigungsschrift für Olivier an la Regnie. Dieser freilich beharrt auf einem öffentlichen Geständnis des Delinquenten, in dem jener die Blutschuld Cardillacs vor Madelon hätte offenbaren müssen. Bei Weigerung des Delinquenten müsse er ihn der gerichtlich vorgeschriebenen Tortur unterziehen, um sein öffentliches Geständnis zu erpressen.

Der Versuch der Scuderi, den Rechtsanwalt d'Andilly zugunsten Oliviers und Madelons zu gewinnen, schlägt fehl, von einer persönlichen Fürbitte der Dichterin beim König rät jener ab, da man dieses letzte mögliche Gnadenmittel nicht fahrlässig vertun solle.

Zu aller Dreier Glück, der Scuderi, Oliviers und Madelons, meldet sich just in diesem Augenblick der Graf Miossens bei der Scuderi und entdeckt, daß er derjenige Offizier sei, dem Cardillacs Mordanschlag gegolten habe. Er sei in jener fraglichen Nacht, durch einen Brustharnisch geschützt, vom Goldschmied angefallen worden und habe Cardillac erkannt, zugleich sich aber nicht bei der Polizei zu melden getraut wegen des vorzüglichen Leumunds Cardillacs, niemand, so zweifelt Miossens, hätte ihm den wahren Hergang des Überfalls geglaubt, so habe er lieber geschwiegen. Mit Hilfe des Rechtsanwaltes d'Andilly faßt die Scuderi nun den Plan, dem König eine in Poesie

---

[141] Reclam, S. 62

gefaßte Supplik vorzutragen, und zwar in einem besonderen Zeremoniell: 'Sie kleidet sich in eine schwarze Robe von schwerem Seidenzeug, schmückte sich mit Cardillacs köstlichem Geschmeide, hing einen langen, schwarzen Schleier über und erschien so in den Gemächern der Maintenon zur Stunde, da eben der König zugegen.'[142] In einer theatralisch wirksamen Weise berichtet die Scuderi den gesamten Vorgang um Cardillac, Olivier und Madelon. Der König, gerührt von der Geschichte und der künstlerisch-rhetorischen Perfektion des dichterischen Vortrags, wird geneigt, die Aussagen Olivier Brussons auf ihren Wahrheitsgehalt hin überprüfen zu lassen.

Miossens wird gebeten, seine Aussage vor der Chambre ardente zu bekräftigen, Cardillacs heimliches Juwelenkabinett wird entdeckt, dennoch geschieht alles, ohne daß die breite Öffentlichkeit vom wahren Sachverhalt erfährt. Auf diese Weise bleibt Cardillacs schreckliches Geheimnis vor Madelon verborgen. Olivier und Madelon verlassen als junges Paar so schnell wie möglich die Hauptstadt, um sich in Genf anzusiedeln, auf daß das Geheimnis bewahrt bleibe. Die Juwelen aus Cardillacs Versteck werden an die Besitzer zurückgegeben, der Teil der nicht zustellbaren Kostbarkeiten wird der Kirche St. Eustache vermacht.

---

[142] Reclam, S. 70

Überlegungen zum Verständnis der Erzählung

Die Liebesgeschichte der Goldschmiedstochter Madelon Cardillac und des Goldschmiedsgesellen Olivier Brusson ist von Hoffmann virtuos-genial in eine Kriminalhandlung, umrahmt von einer galanten Hofgeschichte , eingewoben, in eine Kriminalhandlung, die sich aus dem verbrecherischen Untergrund von Paris und aus dem Abgrund der Seelen hervordrängt. So könnte man die Novelle umschreiben.

Anders: die Novelle erzählt von den tragischen Verstrickungen eines genialen künstlerischen Virtuosen in den Netzen seiner pathologisch-erbbiologisch bedingten dämonischen Veranlagungen, die Geschichte des Goldschmieds Cardillac also.

So: die Aufdeckung der inhumanen Machenschaften und Umtriebe einer entfesselten, sich absolut setzenden Justiz im Paris Ludwigs XIV., die auf diese Weise zur eigentlichen Tyrannis noch über den König hinaus sich entwickelt. Ein Kapitel Gesellschafts- und Herrschaftskritik also.

Oder: die Darstellung grauenhafter Verbrechen im Untergrund (und nicht nur im Untergrund) einer Weltstadt anhand eines Beispiels. Ein Charakterbild der Verruchtheit im Stil einer Chronique scandaleuse.

Vielleicht: die Apostrophierung der heilsgeschichtlichen Sendung einer humanen Künstlerin innerhalb einer korrupt-dekadenten Gesellschaftsschicht. Die Geschichte der Scuderi, die der Novelle zu ihrem Titel verholfen hat.

Alles dies sind jedoch Partikularaspekte auf die Handlung, Motivik und Gestalten der Geschichte. Alle sind berechtigt, aber erst alle zusammengenommenen ergeben die Novelle „Das Fräulein von Scuderi".

Die Komposition dieser komplexen Verhältnisse in dieser Weise war nicht möglich, ohne ein eingehendes Studium einschlägiger historischer, politischer, geographischer Quellen und ohne die Kenntnis psychologisch-naturwissenschaftlicher Voraussetzungen (Gotthilf Heinrich Schubert: Ansichten von der Nachtseite der Naturwissenschaft, 1808, Die Symbolik des Traumes, 1814).

Juristische, psychologische und künstlerische Erfahrungen Hoffmanns haben sich in dieser Novelle niedergeschlagen. So gestaltet er auf der einen Seite die Justiz des Absolutismus, die rational im Sinne des Kalküls und des Indizienbeweises die abgründige menschliche Seele zu durchschauen und durchleuchten sucht, um dann doch kläglich vor den Unberechenbarkeiten seelischen Gesehens kapitulieren zu müssen. Gerade das Unwahrscheinliche ist hier Ereignis. Und gerade die Seele des Künstlers ist eine eminent gefährdete Seele, wie es hier an der Gestalt Cardillacs deutlich wird. Cardillac ist in ganz anderer Weise Künstler als die von ihm verehrte Mademoiselle Scuderi, die von Hoffmann wohl doch eher als galante Modeautorin gewertet wird, wie er sie in seiner eigenen Umgebung fand (Caroline Baronin de la Motte-Fouqué, Helmina von Chézy).

Die Komplexität und Kompliziertheit der Verhältnisse und die Vielschichtigkeit der Charaktere wird durch Hoffmanns effektvoll-virtuose Erzähltechnik potenziert, die zeitweise in ruhig gelassener, retardierender Manier verfährt, um dann plötzlich in dramatischer Raffung (Dialog, von Handlungsgipfel zu Handlungsgipfel springend) den Leser in einen wahren Erzählstrudel hineinzuziehen. Das chevralesk-höfische Parlando des französischen Hofes der Boileau, Scuderi u.a. schlägt unvermittelt um in die gehässig-bürokratische Diktion der Desgrais, la Regnie und Argenson oder die makabre Sprechmanier Cardillacs. Zeitdehnung, Zeitraffung, Polyperspektivismus, doppelte Bildführung, ambivalenter Sprachgestus, Vor- und Rückblenden, Ritardando und Tempestoso wechseln ab.

TEXTE AUS DER NEUEREN HOFFMANN-FORSCHUNG

Zu: RITTER GLUCK

Walter Müller-Seidel: Nachwort. In: E.T.A. Hoffmann: Fantasie- und Nachtstücke (Winkler Ausgabe der Werke Hoffmanns, München 1960, S. 758-62). [Ausschnitte].

Die Erzählung „Ritter Gluck“ ist – von allen dichterischen Qualitäten noch ganz abgesehen – zunächst ein Ausdruck von Hoffmanns innigem Verhältnis zur Musik. Ihr Geheimnis steht am Anfang seiner schriftstellerischen Tätigkeit. Sie bleibt hinfort auch die bestimmende Mitte seiner Motivwelt. Von Musik kann gesprochen werden in den Formen der eindringenden Analyse, die sich der wissenschaftlichen Untersuchung nähert oder sich ausdrücklich so versteht. Ihr verwandt sind die Formen der Musikkritik, der Rezension. Von diesen Formen geht Hoffmann aus. Aber der enthusiastische Ton, die Vermittlung des begeistert Erlebten im Wort wird dabei gegenüber dem kritisch wertenden Urteil entschieden bevorzugt. Die Idee der Begeisterung ist auch die bestimmende in zahlreichen Beiträgen der „Fantasiestücke“, wie in demjenigen über Beethovens Instrumental-Musik. Doch verleugnen die Ausführungen des „reisenden Enthusiasten“ darum nirgends den Kunstverstand, der ihm eigen ist. Ein großer Dilettant spricht hier gewiß nicht; und bezüglich der späteren Dichtung hat man Anlaß, der Auffassung entgegenzutreten, als sei das meiste bei Hoffmann dem bloßen Einfall zu danken, als fehle es an der Fähigkeit zu strenger und konsequenter Komposition. (...)

Daß dagegen die „Fantasiestücke“ selbst auch Beiträge vereinen, die herausgelöst wohl als reine Rezensionen bestehen könnten, läßt nach dem Zusammenhang fragen, in den sie eingefügt sind. Das Lockere der Anordnung und Komposition ist unverkennbar. Aber völlig fehlt es am Zusammenhang nicht; und es ist in erster Linie doch ein Erzählzusammenhang, der hier gemeint ist. Das wird erzähltechnisch auch dadurch motiviert, daß es sich zumeist um Niederschriften einer fiktiven Person handelt. Doch treten die Stücke, die den Charakter der Musikrezension nicht völlig verleugnen,mehr und mehr zugunsten des rein Erzählerischen zurück. Aber sie bezeugen darum nicht weniger, daß Hoffmann vom Nachdenken über die Musik und ihre Geheimnisse recht eigentlich zum Dichter geworden ist. Die poetische Form scheint sich als die einzig gemäße zu erweisen, um die Erlebnisse und Ergebnisse solchen Nachdenkens zu vermitteln. Sowohl in der Eigenart des Weges, der von der Musik zur Dichtung führt, wie in der Intensität, mit der die Musik zur Mitte der Dichtung gemacht wird, haben wir es mit einem im Ganzen einmaligen Vorgang zu tun, der sich mit ähnlich gearteten Entwicklungen anderer Dichter kaum vergleichen läßt. Entstanden ist daraus das, was man gern, aber ungenau mit dem Begriff der „musikalischen Novellen“ bezeichnet.

Die Erzählung von „Ritter Gluck“ ist fernerhin ein Ausdruck der begeisterten Hochschätzung, die Hoffmann zeit seines Lebens für Christoph Willibald von Gluck empfand. Sie gereicht seinem Musikverständnis ebenso zu Ehre wie das gelegentliche Eintreten für die Musik Bachs, die um jene Zeit durchaus nicht der herrschenden Geschmacksrichtung entsprach. In der eigenen Vertonung von Zacharias Werners „Kreuz an der Ostsee“ hatte Hoffmann Anregungen Gluckscher Musik weitergeführt, und von Gluck ist in den „Fantasiestücken wiederholt die Rede. Daß der Komponist der „Iphigenie“, des „Orpheus“ und der „Armida“ auch in Diderots Dialog „Le Neveu de Rameau“ erwähnt wird, den Goethe kurz zuvor in deutscher Sprache zugänglich gemacht hatte, ist wiederholt betont worden; und daß Hoffmann von Diderots Dialog Kenntnis hatte, ist durch seine eigenen Schriften belegt. Gewiß bedurfte es im Falle Hoffmanns nicht erst dieser literarischen Quelle, um auf Glucks Musik aufmerksam zu werden. Immerhin ist es in Diderots Dialog nicht zufällig die „Armida“, die dort namentlich erwähnt wird; und ihrer gedenkt Hoffmann immer wieder in begeisterten Worten, sofern er sie nicht seinem Kapellmeister in den Mund legt: „Wer einmal so glücklich war, die Schlußszene der Gluckschen Armida ...zu hören, der wird begreifen, daß eine Stunde mit ihr am Piano Himmelsbalsam in die Wunden gießt, welche alle Mißtöne des ganzen Tages mir gequältem musikalischen Schulmeister schlugen ..." lesen wir in „Johannes Kreislers, des Kapellmeisters, musikalischen Leiden". Es scheint, als habe Hoffmann die Musik Glucks als eine der höchsten Erscheinungsformen der Musik überhaupt empfunden. Und man muß sich dieser, soweit zu sehen ist, nirgends getrübten Hochschätzung bewußt sein, um der Prosa des „Ritter Gluck" von ihren Voraussetzungen her gerecht zu werden. Sie ist als Erzählung auffällig handlungsarm; schon aus diesem Grund wird man sie nicht ohne Vorbehalt als eine solche bezeichnen. Andererseits ist das „Phantastische" im Sinne E. T. A. Hoffmanns so augenfällig, daß niemand am Charakter des Dichterischen zweifeln wird. Das Erregende der Erzählung liegt abermals im Strukturprinzip der Dualität. „Der Spätherbst in Berlin hat gewöhnlich noch einige schöne Tage. Die Sonne tritt freundlich aus dem Gewölk hervor, und schnell verdampft die Nässe in der lauen Luft ..." Das ist keine Einleitung im romantischen Stil. Eher könnte sie an die „realistische" Art erinnern, mit der Heinrich von Kleist seine Novellen einzuleiten pflegt. Solche Wirkungsnähe steht im Widerspruch zu der Gestalt der Erzählung selbst. Der historische Gluck war 1787 gestorben. Sein Auftreten im Jahre 1809 wäre demnach der absoluten Willkür des Fabulierers zu danken, wenn man sich nicht entschließt, die phantastische Erscheinung von vornherein als einen Wahnsinnigen zu betrachten, der sich bloß einbildet, der Ritter Gluck zu sein. Aber die Deutung dieser Gestalt als eines Wahnsinngen wird vom Text her nirgends deutlich belegt. Um so dringlicher stellt sich die Frage: Wer ist dieser Ritter Gluck? Es ist das aber nicht nur eine Frage, die den Leser nach der Lektüre beschäftigt. Sie ist, was man leicht übersieht, die leitmotivische Frage der ganzen Erzählung. Das heißt aber, daß es im „Ritter Gluck" nicht allein um die Darstellung zweier Wirklichkeiten geht, sondern daß ein Vorgang allmählich und gegenseitigen Erkennens unsere Aufmerksamkeit erfordert. Dieser Vorgang wird mit der Frage des Fremden eingeleitet, der richtig vermutet, daß sein Gegenüber nicht aus Berlin stammen könne. In dieser Vermutung scheint er bestärkt zu werden deshalb, weil ein solcher musikalischer Sinn, wie ihn der Fremde am Erzähler spürt, sich mit dem nüchternen Berlinertum nicht verträgt. Aber die gegenseitige Vorstellung wird zunächt mit Absicht vermieden. „Ich kenne Sie nicht: dafür kennen Sie mich aber auch nicht. Wir wollen uns unsere Namen nicht abfragen ..." Ähnliche Äußerungen wiederholen sich, aber sie zielen mehr und mehr darauf hin, das Rätsel des gegenseitigen Unbekanntseins zu lösen. In diesem Zusammenhang will das unvermittelte Weglaufen des Fremden beachtet sein; nicht minder die Art, wie der Erzähler ihm nachgeht und ihn „wiedererkennt". Abermals ist Berlin und die Pflege der Musik in dieser Stadt das Gesprächsthema der beiden; und deutlicher spüren wir nun, daß der Fremde dem Komponisten näherstehen muß, als daß es sich hier lediglich um Einbildungen eines Wahnsinnigen handeln könnte. Bestimmte Auffassungen des Erzählers – „man tut doch alles, um Glucks Werke zu heben" – führen abermals zum plötzlichen Aufbruch des Fremden, und doch offenbar aus keinem anderen Grunde als aus dem, daß der Erzähler die richtige Vorstellung vom Wesen der Musik noch nicht hat, um die es geht. Doch ist mit der nächsten Stufe zweifellos eine höhere Stufe im Verstehen und Kennen erreicht. Die Begegnung erfolgt im Zusammenhang der Gluckschen „Armida", die der Erzähler, neben dem Selbstgespräch des Fremden, vernimmt. „Ich kenne Sie", leitet dieser das Gespräch ein, und der Erzähler seinerseits nimmt das Thema auf: „Ich freue mich, daß der Zufall Sie mir wieder zugeführt hat. Lassen Sie uns näher miteinander bekannt werden ..." Die seltsam-phantastische, alles Sichtbare überspielende „Interpretation" der Musik durch den Fremden schließt sich an. Und nun kann es kaum noch zweifelhaft sein, daß hier eine Vertrautheit mit dem Gegenstand am Werke ist, die einem Außenstehenden niemals zuzutrauen wäre. Die überlieferte Gestalt der Gluckschen Oper wird, gleichsam von ihrer Konzeption her, weitergeführt – aus dem Geist dieser Musik heraus. Und daß der Geist dieser Musik im Spiele ist, bestätigt sich nicht allein in der

Nebensächlichkeit alles Sichtbaren, sondern auch in einigen bezeichnenden Wendungen. „Zu meiner Qual bin ich verdammt, hier, wie ein abgeschiedener Geist, im öden Raume umherzuirren", sagt der Fremde; und er sagt: „Welcher böse Geist hat mich hier festgebannt?" Die Symbolik des Geistes, des Geisterhaften dieser Erscheinung wird deutlich; und einzig im Erkennen des Wesens, im Erkennen des Geistes dieser Musik wird das Geisterhafte gebannt. Auf ein solches Erkennen hin ist die Erzählung angelegt, indem sie Wirkliches mit Unwirklichem zu einer höheren Wirklichkeit verschränkt. Im feierlichen Vorgang des Erkennens durch den Erzähler selbst klingt die Erzählung aus: „Ich erstarrte, feierlich kam er auf mich zu, faßte mich sanft bei der Hand und sagte sonderbar lächelnd: ‚Ich bin der Ritter Gluck!'" Es ist, gegenüber dem bloß Sichtbaren, ein höheres Sein, das da erkannt werden soll und in der Tat erkannt wird; und es ist im Erkennen einer bestimmten Musik zugleich ein Erkennen des Menschen.

Zu: CALLOTS MANIER

Hans-Georg Werner: E. T. A. Hoffmann. Darstellung und Deutung der Wirklichkeit im dichterischen Werk. (Beiträge zur deutschen Klassik. Bd. 13), Berlin und Weimar[2] 1971, S. 46-49.

Die von Hoffmann erreichte Wahrheitstreue in der Darstellung des Details bedeutete weithin Eroberung von literarischem Neuland. Wo etwa findet sich in der seinerzeitigen Literatur eine ähnliche glückliche und charakteristische Schilderung des Großstadtlebens wie die, mit der Hoffmann seinen „Ritter Gluck" einleitete? Man kann ohne Übertreibung behaupten, daß die eigenartige Atmosphäre des Großstadttreibens von Hoffmann für die deutsche Literatur entdeckt worden ist; zwar sind es nur einzelne Seiten des städtischen Lebens, die Hoffmann gestalten konnte, und auch diese sind aus einer ganz bestimmten Perspektive gesehen, aber solche Einschränkungen können die spezifische Leistung

Hoffmanns nicht schmälern. Hoffmann gilt heute als einer der bedeutendsten Erzähler der deutschen Romantik, nicht zuletzt deshalb, weil es ihm gelang, bestimmte Seiten der Wirklichkeit, die ihm in besonderer Form zum Erlebnis geworden waren, künstlerisch ausdrucksstark zu gestalten ...
Hoffmann hat es aber niemals als entscheidendes Ziel seiner künstlerischen Arbeit angesehen, die äußeren Formen der Wirklichkeit zu kopieren: „Auffassung der Natur in der tiefsten Bedeutung des höhern Sinns, der alle Wesen zum höhern Leben entzündet, das ist der heilige Zweck aller Kunst. Kann denn das bloße genaue Abschreiben der Natur jemals dahin führen?" An den Zeichnungen Jacques Callots bezauberte Hoffmann nicht die Gestaltung der Wirklichkeit schlechthin, sondern die wahrheitsgetreue Darstellung des Wirklichen, verbunden mit einer gewissen Übersteigerung, Verzerrung oder Abwandlung der Wirklichkeit. Er konnte sich an den „sonderbaren fantastischen Blättern" des Meisters nicht satt sehen. Sie erschienen ihm als „Reflexe aller der fantastischen, wunderlichen Erscheinungen, die der Zauber seiner überregen Fantasie hervorrief." Sogar „das Gemeinste aus dem Alltagsleben" sei in den „Schimmer einer gewissen romantischen Originalität gehüllt, so daß das dem Fantastischen hingegebene Gemüt auf eine wunderbare Weise davon angesprochen wird".

Welcher Art ist die Umgestaltung der Wirklichkeit, die – verbunden mit treuer Darstellung einzelner Züge der Wirklichkeit – Hoffmann an dem Werk Callots so stark beeindruckt hat, daß er sie für sein eigenes gestalterisches Vorgehen zum Vorbild wählte? H.A. Korff hat versucht, die Besonderheit der Wirklichkeitsgestaltung Hoffmanns, die dieser selbst als Callots Manier bezeichnet hat, in einer Formel zu erfassen: „Was Hoffmann entdeckt, oder besser gesagt, aufs höchste steigert, ist mit einem übertriebenen Wort: die ‚Romantik der Fratze'. Und das ist's, wodurch er sich mit Callot verbunden fühlt." Diese mißglückte Prägung reicht weder aus, um die Eigenart des dichterischen Verfahrens von Hoffmann in den „Fantasiestücken" zu kennzeichnen, noch läßt sie sich mit dem vereinbaren, was Hoffmann selbst über

„Callot's Manier“ aussagte. An anderer Stelle versuchte Korff, das dichterische Verfahren Hoffmanns durch das Schlagwort „phantastischer Realismus mit romantischem Hintersinn“ zu bezeichnen; diese – an sich wohl zutreffende – Bemerkung müßte präzisiert werden, um Wesentliches auszusagen.

Der stark satirische Gehalt der „Fantasiestücke“, vor allem der „Kreisleriana“, wird jedem unbefangenem Beobachter auffallen; ursprünglich hatte Hoffmann auch beabsichtigt, seine erste größere literarische Veröffentlichung unter die Schirmherrschaft des englischen Satirikers Hogarth zu stellen, so daß die Vermutung nahe liegt, daß Hoffmann unter „Callot's Manier“ eine satirische Übersteigerung der Wirklichkeit verstand. Ohne Zweifel sind satirische Elemente in nahezu allen Werken Hoffmanns nachzuweisen und bestimmen den Charakter seiner Dichtungen mit. Doch kurzerhand die Satire als entscheidendes Kennzeichen seines dichterischen Verfahrens anzunehmen, geht nicht an; trotz aller satirischen Elemente ist „Der Goldne Topf“ kein satirisches Märchen, und auch die Gestaltungsweise im „Ritter Gluck“ und „Don Juan“ ist nicht schlechthin als satirisch zu bezeichnen.

Hoffmanns Weltbild war dualistisch. Für ihn stand der Alltagswirklichkeit eine übersinnliche, „romantische“ Welt gegenüber. Dieses dualistische Weltbid war ideologischer Reflex von Hoffmanns Lebensbedingungen. Der für die Gesellschaftsstruktur seiner Zeit charakteristische „Dualismus zwischen dem individuellen und dem Gattungsleben“ ließ Hoffmann scharf zwischen der Alltagswirklichkeit, in der er lebte, und einem Reich unterscheiden, in dem seine Lebens- und Kunstideale verwirklicht seien. Während für die Dichter der deutschen Aufklärung und Klassik die allseitig entwickelte und harmonische Menschheit als Endpunkt gesellschaftlich-geschichtlichen Werdens erschien, ordnete Hoffmann diese Vorstellung einem metaphysisch-übersinnlichen Bereich zu. Ideal und Wirklichkeit fielen für ihn auseinander, weil sich dem Dichter in seinem individuellen Leben, der

Alltagswirklichkeit, keine Möglichkeit bot, auf das Gattungsleben des Menschen einzuwirken, d. h. seine allgemeinen Vorstellungen über Sinn und Aufgabe menschlichen Lebens zu verwirklichen. Gleichzeitig verengte der Romantiker Hoffmann das alte Idealbild, indem er die klassisch-aufklärerische Wunschvorstellung von freier gesellschaftlicher Aktivität nicht wieder aufnahm und statt dessen sein Ideal von Freiheit des Schaffens und allseitiger Entwicklung der Fähigkeiten im wesentlichen nur für den Bereich der Kunst gelten ließ.

Die in den „Fantasiestücken" gestaltete Wirklichkeit ist auf jene „romantische" Welt bezogen. Hoffmann sah seine Aufgabe als Dichter darin, durch die Art seiner Gestaltung des Wirklichen diesen Bezug auf das Überwirkliche erkennen und ahnen zu lassen, selbst dem Gemeinsten aus dem Alltagsleben „den Schimmer einer gewissen romantischen Originalität" zu geben. Zwei Möglichkeiten bestehen, die Wirklichkeit auf jene übersinnliche Welt zu beziehen. Einmal kann das Wirkliche in offenem Gegensatz zu jener anderen Welt stehen, die sich als Reich der poetischen Menschlichkeit umschreiben läßt, dann wird es in satirischer Übersteigerung gestaltet. Das ist etwa in den „Kreisleriana" bei der Schilderung des gutbürgerlichen Kunstpublikums der Fall. Andererseits kann das Wirkliche einen Übergang, eine Vorstufe zu jenem übersinnlichen Reich vorstellen. Um diese Beziehung der Wirklichkeit auf eine höhere Welt sinnfällig zu gestalten, verwischte Hoffmann die Grenzen zwischen wirklicher und übersinnlicher Welt: Phantastisches erscheint als Wirklichkeit, das Wirkliche als phantastisch. Gestalten wie der Archivarius Lindhorst, der angebliche Ritter Gluck, Donna Anna u. a. werden mit gestalterischen Mitteln, die im einzelnen untersucht werden müssen, ins Phantastische überhöht und unter Beibehaltung charakteristischer, oftmals stark wirklichkeitsverbundener Züge bis zu einem gewissen Grade aus der Wirklichkeit herausgelöst.

Zu: DER GOLDNE TOPF

Wolfgang Preisedanz: Humor als dichterische Einbildungskraft. Studien zur Erzählkunst des poetischen Realismus. (Theorie und Geschichte der Literatur und der schönen Künste. Texte und Abhandlungen. Band 1) München 1963, S. 87-90.

„Am Himmelfahrtstage, nachmittags um drei Uhr, rannte ein junger Mensch in Dresden durchs Schwarze Tor und geradezu in einen Korb mit Äpfeln und Birnen hinein, die ein altes häßliches Weib feilbot, so daß alles, was der Quetschung glücklich entgangen, hinausgeschleudert wurde und die Straßenjungen sich lustig in die Beute teilten, die ihnen der hastige Herr zugeworfen. Auf das Zetergeschrei, das die Alte erhob, verließen die Gevatterinnen ihre Kuchen- und Branntweintische, umringten den jungen Menschen und schimpften mit pöbelhaftem Ungestüm auf ihn hinein, so daß er, vor Ärger und Scham verstummend, nur seinen kleinen, nicht eben besonders gefüllten Geldbeutel hinhielt, den die Alte begierig ergriff und schnell einsteckte. Nun öffnete sich der fest geschlossene Kreis, aber indem der junge Mensch hinausschoß, rief ihm die Alte nach: „Ja renne – renne nur zu, Satanskind – ins Kristall bald dein Fall – ins Kristall!" – Die gellende, krächzende Stimme des Weibes hatte etwas Entsetzliches, so daß die Spaziergänger verwundert stillstanden, und das Lachen, das sich verbreitet, mit einemmal verstummte."

So eröffnet Hoffmann sein „Märchen aus der neuen Zeit", und wenn er von da ab die „seltsamen Schicksale ... des vormaligen Studenten, jetzigen Dichters Anselm in elf Vigilien beschrieben" hat, so wissen wir, daß der Einsatz „Am Himmelfahrtstage" nicht bloß eine faktische Zeitangabe war. Wir haben dann erfahren, daß mit diesem Tage in Anselmus die unauslöschliche Liebe zu der grünen Schlange Serpentina aufkeimte, daß er sich nach manchen Irrungen und Wirrungen mit ihr, der Tochter des Salamanderfürsten, ehelich verbunden hat und auf „das hübsche Rittergut", das sein Schwiegervater in Atlantis besitzt, gezogen ist, „nach dem geheimnisvollen wunderbaren Reiche ..., das er für die Heimat erkannte, nach der sich seine von seltsamen Ahnungen erfüllte Brust schon lange gesehnt“. Wir erfahren endlich bestimmt, was es mit diesem Rittergut in Atlantis auf sich hat, denn die zwölfte und letzte Vigilie schließt mit dem Satz: „Ist denn überhaupt des Anselmus Seligkeit etwas anderes als das Leben in der Poesie, der sich der heilige Einklang aller Wesen als tiefstes Geheimnis der Natur offenbaret?“ Aber nicht dieser Schlußsatz ist eigentlich das letzte Wort; dieses lautet vielmehr: „Ende des Märchens“. Und genau wie das anfängliche „Am Himmelfahrtstage“ nicht nur eine Zeitbestimmung war, ist dieser Hinweis „Ende des Märchens“ kein bloßes „Finis“; er steht in tieferer Beziehung zu Sinn und Struktur dieser Dichtung, und diese tiefere Beziehung deutet sich schon darin an, daß man die in elf Vigilien beschriebenen seltsamen Schicksale des hastigen jungen Herrn, der da durchs Schwarze Tor geradewegs in den Korb der Hökerin hineinrannte, daß man des vormalgen Studenten und jetzigen Dichters Anselmus Weg nach Atlantis auf ganz andere Weise rekapitulieren kann. Dann ist Anselmus ein äußerst wohlgeratener und schüchterner Student, der in den dürftigsten Umständen lebt und sich seinen Unterhalt durch Stundengeben und, zusammen mit noch anderen Studiosen, durch Schreiber- und Kopistenarbeit bei dem Archivarius und Bibliophilen Lindhorst bestreitet, hoffend, es dermaleinst bis zum Geheimsekretär zu bringen. Am selben Himmelfahrtstage, da ihn zum erstenmal die Ahnung seiner Bestimmung zum Dichter beschleicht, beginnt er sich in die schönen blauen Augen der Tochter des Konrektors Paulmann, Veronika, zu verlieben; er findet entschiedene Gegenliebe, Veronika sieht wachträumend schon Anselmus als Hofrat und sich als von allen Elegants der Stadt umschwärmte Hofrätin, als mit einem Male Anselmus beim Abschreiben altersdunkler Texte aus der Bibliothek des Archivarius seiner dichterischen Berufung inne und gewiß wird, worüber die beiden jungen Leute auseinandergeraten, so daß sich Veronika mit dem eben zum Hofrat ernannten Hausfreund und bisherigen Registrator Heerbrand verlobt, dessen recht unscheinbare und magere Person um des ersehnten Titels willen in Kauf nehmend und sich hinsichtlich Anselmi an das Beispiel vom Fuchs und den Trauben haltend. Und warum? Weil sich an Anselmus eines Tages der Ruf des alten Hökerweibes: ins Kristall bald dein Fall! erfüllt hat, weil er – der in „Wirklichkeit über das Brückengeländer gebeugt in die Elbe starrt – sich „in einer wohlverstopften Kristallflasche auf einem Repositorium im Bibliothekszimmer des Archivarius Lindhorst“ findet, „ von blendendem Glanze dicht umflossen“, aber „regungs- und bewegungslos wie in einem festgefrorenen Äther“ eingepreßt und vom entsetzlichen Erstickungstod bedroht. Das nun nimmt er als Strafe dafür, daß er schon am Abend des Himmelfahrtstages, seines poetischen Erwachens, unbewußt die schönen blauen Augen der Konrektorstochter mit dem wunderbaren Augenpaar der grünen Schlange identifizierte, daß er immer mehr die von dem „inneren versteckten Poeten“ ausgehenden Verheißung einer anderen, höheren Welt „lediglich seinem durch die Liebe zu Veronika exaltierten Seelenzustand sowie der Arbeit bei dem Archivarius Lindhorst“ zuschrieb, „in dessen Zimmern es noch überdem so sonderbar betäubend duftete“, daß er vermeinte, was sich in seinem Inneren rege, deute auf eine Poesie des Lebens, wo er doch umgekehrt zu einem Leben in der Poesie aufgerufen wurde. Die „namenlose Marter in seinem gläsernen Gefängnisse“ läßt ihn aufschreien: „O Serpentina – Serpentina, rette mich vor dieser Höllenqual!“ Und erlöst bereut er jeden Gedanken daran, die Verhältnisse der faktischen Existenz könnten das Substrat jener anderen, höheren Welt sein, die ihm die Sehnsucht des poetischen Triebes verheißt. So sehen wir ihn denn zugunsten der dichterischen Berufung jedem bürgerlichen Engagement und Glücksverlangen entsagen und sich, wie dies vulgär ausgedrückt wird, ganz der Poesie widmen, während die Konrektorstochter und der frisch gebackene Hofrat Heerbrand ihre „Verlobung bei der dampfenden Suppenschüssel“ vornehmen.

Wir müssen nicht einläßlicher auf den virtuos gewobenen Nexus dieser berühmtesten, in jeder Hinsicht repräsentativen und wohl vollkommendsten Dichtung Hoffmanns eingehen. Unsere doppelte Skizze des Plot sollte nur verifizieren, was vorher angedeutet wurde: wenn nach der letzten Vigilie „Ende des Märchens“ steht, so muß man diesen Hinweis vor allem mit des Anselmus Ansiedlung in Atlantis in Verbindung bringen. Es ist also nicht in erster Linie gemeint, daß nun „ein Märchen aus der neuen Zeit“, ein Werk der Gattung Kunstmärchen zu Ende ist. Vielmehr bezieht sich dies „Ende des Märchens“ auf den von uns zunächst skizzierten phantastischen, von allen Seiten ins Blaue blitzenden, vor dem schärferen Blick zerfließenden Aspekt eines Geschehens, das sich zugleich, nach unserem zweiten Abrégé, in einem ganz gewöhnlichen Aspekt darbietet, als die Geschichte nämlich der Berufung eines jungen Mannes zur Dichtkunst und als die Geschichte des daraus resultierenden, psychologisch und soziologisch völlig plausiblen Konflikts zwischen Künstlertum und Bürgerlichkeit. Der „Goldene Topf“ ist demnach ein Kunstmärchen, in dem das Märchenhafte nur ein Teilaspekt der Begebenheiten ist; das Märchenhafte ist nicht das konstitutive Prinzip der Dichtung als Ganzes, sondern im Erzählzusammenhang ergibt sich das Märchenhafte als eine Möglichkeit des menschlichen Weltverständnisses, ohne daß diese Möglichkeit der Standpunkt des Erzählers wäre. Das Ende des Werks und das „Ende des Märchens“ fallen nur äußerlich, scheinbar, zusammen; in Wahrheit nimmt das Märchen noch innerhalb des Werkes ein Ende, greift die zwölfte und letzte Vigilie über das Ende des Märchens hinaus. Daß wir „ zwar die zeitliche Welt ganz auf die gewöhnliche Art, aber zugleich aus einem ganz anderen Lichte“ sehen, ist für Solger die Eigentümlichkeit der humoristischen Phantasie, und dieses Wesen des dichterischen Humors selbst ist die im Grunde genial einfache Struktur des „Goldenen Topfes“. Die durchgehende Polarität des phantastischen und des gewöhnlichen Aspekts bewirkt, daß in jeder Begebenheit jene Ambivalenz zum Vorschein kommt, die Hoffmann immer wieder als das Gesetz der Welt seiner Märchen hervorgehoben hat.

Lothar Pikulik: Romantik als Ungenügen an der Normalität: Am Beispiel Tiecks, Hoffmanns, Eichendorffs. Frankfurt/M 1979, S. 213-216, 315f. (Ausschnitte).

[...] Nachdem Anselmus dadurch, daß er »zu einiger Vernunft gelangte«, seinen Glauben an das Wunderbare verloren hatte, also mit dem aufgeklärten Philister auf eine Stufe geraten war, wird er vom Archivarius Lindhorst zur Strafe in eine Flasche aus Glas und Kristall gesperrt. Damit erfüllt sich an ihm der am Anfang des Märchens ausgesprochene Fluch des alten Apfelweibes: »Ins Kristall bald dein Fall!« Nun besteht die Flasche zwar einerseits aus erstarrtem Feuer, dem Element des Salamanderfürsten, der auf diese Weise den Frevler mit Gewalt in seine Macht bringt, andererseits aber symbolisieren die furchtbaren Kerkerqualen, die Anselmus zu Beginn der Zehnten Vigilie erlebt, auch das Leiden an der alltäglichen Wirklichkeit. Das ist um so weniger zu übersehen, als die Normalität hier auch durch die Anwesenheit einiger Philister repräsentiert wird. Denn als der Student sowohl seine Lage wie seine Schuld beklagt und nach der »lieblichen Serpentina« jammert, »sagte jemand dicht neben ihm: ›Ich weiß gar nicht was Sie wollen, Hr. Studiosus, warum lamentieren Sie so über alle Maßen?‹ – Der Student Anselmus wurde gewahr, daß neben ihm auf demselben Repositorium noch fünf Flaschen standen, in welchen er drei Kreuzschüler und zwei Praktikanten erblickte. – ›Ach, meine Herren und Gefährten im Unglück‹ rief er aus, ›wie ist es Ihnen denn möglich, so gelassen, ja so vergnügt zu sein, wie ich es an Ihren heitern Mienen bemerke? – Sie sitzen ja doch ebenso gut eingesperrt in gläsernen Flaschen als ich [...].«

Man muß Hoffmanns Kunst nicht nur für ihren paradoxen Tiefsinn, sondern auch für ihre innere Folgerichtigkeit bewundern. Zweifellos ist Anselmus durch den Archivarius, genau wie die anderen, auch in die Alltagswelt gebannt worden. Und eigentlich befindet er sich damit dort, wo er schon am Anfang des Märchens gewesen war. Wenn er aber nun, zum ersten Mal in solch konkreter Weise, die Alltagswelt als Gefängnis erlebt, so deshalb, weil er inzwischen Einblick in eine ganz anders geartete Welt gewonnen und hier zu spüren bekommen hat, »was Freiheit und Leben in Glaube und Liebe ist«. Auch dieser Fall unterscheidet sich im Prinzip nicht von demjenigen Berthas im ›Blonden Eckbert‹*. Man kann sogar eine Parallele ziehen zwischen den Büchern, die Bertha von der Alten zum Lesen, und den Hieroglyphen, die Anselmus vom Archivarius zum Kopieren erhält, wobei ihm diese Aufgabe nur deshalb so gut von der Hand geht, weil er den Sinn der geheimnisvollen Texte auch erfaßt, sie also auch zu lesen versteht. Beide Stellen sind Beispiele dafür, wie ein durch Lektüre vermitteltes Wissen von Alternativen die Zufriedenheit mit dem Gewöhnlichen in quälendes Ungenügen zu verwandeln geeignet ist.

Eben dieser Zufriedenheit erfreuen sich die Kreuzschüler und Praktikanten – sie sind »seelenvergnügt«, wie es in deutlicher Anlehnung an die ältere Tradition des Begriffs »Vergnügen« heißt. Indes freuen sie sich ihres Daseins offenbar zu Unrecht. Ihre Lage ist die gleiche wie die des Anselmus, auch sie sind eingesperrt. Wäre sie es nicht, müßte des Studenten Qual als bloße Illusion erscheinen, eine durch die Intention des Textes ausgeschlossene Deutung. Darum bleibt der Schluß, daß die Illusion auf seiten der Philister zu suchen ist. Obwohl eingesperrt, spüren sie nicht den Druck des Gefängnisses. Da sie das Wissen und die Gesinnung des Studenten nicht teilen, teilen sie auch nicht sein Leid. Stattdessen geben sie sich der Einbildung hin, frei zu sein und das Leben zu genießen. Damit ist die philiströse Zufriedenheit als Lebenslüge bloßgestellt. Sie ist ebenso unwahr wie die gewöhnliche Wirklichkeit selbst, die, wenn sie auch bedrückt, sich der durchschauenden Erkenntnis doch als Glas, als Schein enthüllt.

Für das Verfremden durch Umwenden ist der ›Goldne Topf‹ das beste und bekannteste Beispiel. Personen, Dinge, Schauplätze, Ereignisse,

---

* Der blonde Eckbert. Novelle von Ludwig Tieck (1797)

Tätigkeiten haben hier einerseits einen ›bürgerlichen‹ Aspekt, andererseits eine Kehrseite, die sie einer ganz anderen Welt zuordnet. [...]

Um jeweils die eine oder andere Seite hervorzukehren, bedient sich Hoffmann gern der Verwandlung. Zum Beispiel verwandelt sich der gelb und rot gemusterte Schlafrock des Archivarius in einen Feuerlilienbusch oder die Klingelschnur an seiner Haustür in eine Schlange. Aber wenn in solchen Fällen die beiden Naturen, in die die ganze Welt des ›Goldnen Topfes‹ gespalten ist, auch im Sinne eines Nacheinanders zur Geltung kommen, so ändert dies doch nichts daran, daß sie prinzipiell gleichzeitig bestehen. [...]

Zu: DAS SERAPIONTISCHE PRINZIP

Hans-Georg Werner: E. T. A. Hoffmann. Darstellung und Deutung der Wirklichkeit im dichterischen Werk. Berlin/Weimar[2] 1971 (Beiträge zur deutschen Klassik. Bd. 13) S. 51 f.

»Cyprian und seinen Freunden ist eine Fähigkeit des Einsiedlers Serapion besonders merkwürdig, die Gabe nämlich, seinen Wahnvorstellungen einen so hohen Grad von Anschaulichkeit und Gegenständlichkeit zu verleihen, daß sie ihm die Wirklichkeit völlig ersetzen. In dieser Kraft, das Gedachte und Gefühlte zu veranschaulichen und zu vergegenständlichen, sehen die Freunde, die sich zu Ehren des wahnsinnigen Heiligen den Namen Serapionsbrüder geben, die entscheidende Grundlage aller echten Dichtung: ›Jeder prüfe wohl, ob er auch wirklich das geschaut, was er zu verkünden unternommen, ehe er es wagt, laut damit zu werden. Wenigstens strebe jeder ernstlich darnach, das Bild, das ihm im Innern aufgegangen, recht zu erfassen mit allen seinen Gestalten, Farben, Lichtern und Schatten und dann, wenn er sich recht entzündet davon fühlt, die Darstellung ins äußere Leben zu tragen ...

Der Einsiedler Serapion sei unser Schutzpatron, er lasse seine Sehergabe über uns walten, seiner Regel wollen wir folgen als getreue Serapionsbrüder!‹

Das Serapiontische Prinzip verlangt jedoch mehr vom Dichter als nur die Fähigkeit, seine Gedanken und Gefühle anschaulich zu gestalten. [...] Hoffmann war in einem großen Teil seines dichterischen Werkes bemüht, den Leser gleichsam mit suggestiver Kraft in Spannung zu halten. Die Vorstellung, daß Dichtung den Leser völlig in ihren Bann ziehen muß, steht auch hinter den Erörterungen über das Serapiontische Prinzip, wobei offensichtlich nicht nur gemeint ist, daß der Leser sich in die Welt der Dichtung einleben und sie als eine gestaltete Totalität verstehen soll, sondern die von der Dichtung ausströmende suggestive Kraft soll ihn bis zu einem gewissen Grade aus der Wirklichkeit herauslösen und ihn in Kontakt mit der von Hoffmann angenommenen übersinnlichen Welt setzen. Die von Hoffmann geforderte Anschauung, die jeder Dichtung zur Grundlage dienen soll, ist daher auch nicht ausschließlich – nicht einmal in erster Linie – Anschauung des Wirklichen. Es geht nicht darum, ob das Dargestellte wirklich ist, der Wirklichkeit entnommen oder zugehörig, sondern ausschlaggebend ist einzig, ob das innere Auge des Dichters, ob seine Phantasie dem Erschauten einen solchen Grad von Wirklichkeit verleihen können, daß es als wirklich erscheint.

Nicht zufällig nannte Hoffmann Dichter und Seher in einem Atemzuge. Die Phantasie des Menschen, sein inneres Auge sei das eigentlich künstlerisch produktive Organ. Hoffmann maß deshalb der von oben kommenden Inspiration des Künstlers hohe Bedeutung bei.«

E. T. A. Hoffmann: Rechtfertigung des »Serapiontischen Prinzips«.*

Sie fordern, verehrtester Herr! mich auf, an der Zeitschrift, die Sie unter dem Titel ›Der Zuschauer‹ herauszugeben gedenken, mitzuarbeiten. Mit Vergnügen werde ich Ihren Wunsch erfüllen, um so mehr, als der wohlgewählte Titel mich an meine Lieblingsneigung erinnert! Sie wissen es nehmlich wohl schon, wie gar zu gerne ich zuschaue und anschaue, und dann schwarz auf weiß von mir gebe, was ich eben recht lebendig erschaut. – Von etwas anderm,meine ich, als von dem, dessen Anschauung in vollkommener Gestalt im Innern aufgegangen, könne man auch gar nicht so sprechen, daß die Leute es eben so lebendig erblicken, zu denen man spricht. – Dieses Prinzip, das in einem mir bekannten Buche, die SerapionsBrüder betitelt, einem Menschen zugeschrieben wird, der, im Verstande etwas wackelig geworden, sich für den Märtyrer Serapion hielt, ist zwar von einem strengen Mann verworfen und von ihm behauptet worden: mit der Anschauung sey es nichts, und nur der Verstand brüte wahre Dichterwerke aus. Ich denke indessen: daß, da die innern Augen, deren Blick die dichterische Anschauung bedingt, eben so gut im Kopfe sitzen wie der Verstand, der heilige Serapion, als er jenes Prinzip aufstellte, nach dem man nur das lebendig und wahrhaft ans Licht befördern kann, was man eben so im Innern geschaut, immer den unwandelbar treuen ehelichen Bund vorausgesetzt hat, in dem beide, Verstand und Fantasie bleiben müssen, wenn etwas ordentliches herauskommen soll! – Ich bleibe bey diesem Prinzip! [...] (1820)

---

* Brief Hoffmanns zur Publikation in Johann Daniel Symanskis Unterhaltungsblatt ›Der Zuschauer‹, Berlin 1820. Zitiert nach: E.T.A. Hoffmann im persönlichen und brieflichen Verkehr. Sein Briefwechsel und die Erinnerungen seiner Freunde und Bekannten. Gesammelt und erläutert von Hans von Müller. Bd. 2. 2. Heft (Berlin 1814-1822). Gebrüder Paetel, Berlin 1912, S. 420/421. Ausschnitt.

Zu: DAS FRÄULEIN VON SCUDERI

Richard Alewyn: Ursprung des Detektivromans.
In: R. A.: Probleme und Gestalten. Frankfurt/M 1963, S. 117–136 (Ausschnitt).

»Und nun freue ich mich, nach so viel trockener Theorie eine Geschichte erzählen oder vielmehr nacherzählen zu können: Sie spielt in Paris in der Zeit Ludwigs XIV. Die Stadt wird seit einiger Zeit beunruhigt durch eine Serie von Morden, die alle nach dem gleichen Muster verlaufen. Die Opfer sind stets einsame Fußgänger, die mit kostbaren Geschenken versehen, in später Nacht zu einem amourösen Stelldichein unterwegs sind. Am Morgen werden sie gefunden, durch einen Stich der gleichen Waffe getötet und ihrer Juwelen beraubt. Der polizeiliche Schutz wird verstärkt und ein besonderer Gerichtshof eingesetzt, dem es zwar gelingt, einen Schrecken zu verbreiten, vor dem auch der Unschuldigste zu zittern beginnt, jedoch nicht, des Mörders habhaft zu werden oder auch nur die Fortsetzung seiner Untaten zu verhindern. Erst als auch der angesehene Goldschmied Cardillac ermordet aufgefunden worden ist, glaubt man den Täter entdeckt zu haben: Olivier Brusson, der Geselle und Hausgenosse Cardillacs und Verlobte seiner Tochter Madelon, wird verhaftet.

Gegen ihn sprechen sämtliche Indizien: Er ist im Zimmer Cardillacs bei der Leiche gefunden worden und zugleich mit ihm die Waffe, mit der nicht nur Cardillac, sondern auch alle früheren Opfer getötet worden sind. Er kann keine glaubhafte Erklärung des Hergangs liefern. Er gibt an, sein Meister habe um Mitternacht das Haus verlassen und ihm befohlen, ihm in einem Abstand von fünfzehn Schritt zu folgen. Aus dieser Entfernung habe er gesehen, wie Cardillac von einem Unbekannten angefallen worden sei. Der Mörder sei im Dunklen verschwunden, er selbst habe den Sterbenden in sein Haus zurückgeschleppt und auch die Mordwaffe mitgenommen.

Diese Angaben sind völlig unglaubhaft, wie umständlich dargetan wird. Einmal vermag Olivier nicht zu erklären, was Cardillac veranlaßt haben könnte, noch zu so später Stunde auszugehen. Zweitens erscheint es weder möglich, daß er zu der angegebenen Zeit noch einmal das Haus verlassen haben, noch daß Olivier mit ihm zurückgekehrt sein könnte. Denn andere Hausbewohner sagen aus, was durch eine Nachprüfung bestätigt wird, daß sowohl das Schloß als auch die Angeln des Haustors nur unter lautem Geräusch zu bewegen sind, das bis ins dritte Stockwerk hörbar ist. Es haben aber im zweiten Stockwerk zwei Zeugen die ganze Nacht schlaflos verbracht. Sie haben zwar wohl gehört, daß Cardillac wie üblich um neun Uhr abends das Tor von innen verriegelte, dann aber nichts als nach Mitternacht über ihrer Zimmerdecke erst schwere Schritte, danach einen dumpfen Fall und dann ein lautes Stöhnen. Die Situation – der Theorie und Praxis des Detektivromans als die des ›versperrten Mordzimmers‹ wohl bekannt – erlaubt keinen anderen Schluß, als daß der Mord sich im Hause vollzogen hat. Als Täter kommt kein anderer in Frage als Olivier.

Dann müssen aber auch die früheren Morde, die mit der gleichen Waffe unter änlichen Umständen ausgeführt wurden, auf sein Konto kommen, und diese Vermutung wird zur Gewißheit, als mit der Verhaftung Oliviers die Morde mit einem Schlag aufhören. Weder die Polizei noch die Öffentlichkeit zweifeln an Oliviers Schuld, um so weniger als es ihm, als dem Verlobten der Tochter und einzigen Erbin Cardillacs, auch an einem einleuchtenden Motiv nicht gefehlt haben würde.

Hier haben wir den scheinbar lückenlosen Indizienbeweis, der doch völlig in die Irre geht. Olivier ist nicht der Mörder, wenn auch der unfreiwillige und unglückliche Mitwisser, den – wie so oft im Detektivroman – die Rücksicht auf einen Nahestehenden zum Schweigen zwingt. Der gesuchte Mörder ist kein anderer als Cardillac, als ein als ehrbar bekannter Handwerker und überdies als das scheinbar letzte Opfer einer langen Mordserie die scheinbar unverdächtigste Person. Ein neurotischer Zwang, dessen Entstehung übrigens nach psychoanalytischer Methode erklärt wird, trieb ihn, sich mit mörderischen Mitteln der von ihm angefertigten Schmuckstücke wieder zu bemächtigen. Ein geheimer Gang ermöglichte ihm, unbemerkt das Haus zu verlassen. Bei dem letzten dieser Ausflüge war er von einem Offizier, den er angefallen hatte, in der Notwehr mit seinem eigenen Dolch erstochen und von Olivier, der ihm heimlich gefolgt war, ins Haus zurückgebracht worden.

Wenn dies alles an den Tag kommt, ist es nicht das Werk der Polizei. Im Gegenteil, ihre Methoden verhinderten geradezu die Aufklärung. Der Schrecken, den sie verbreitet, verschloß dem Mörder Cardillacs den Mund. Die Aufklärung gelingt vielmehr einem Außenseiter, dem Fräulein von Scuderi, einem so klugen wie beherzten Dämchen und einer Dichterin, nicht zwar, indem sie, wie ihre späteren Kollegen im Detektivroman, aktiv die Fahndung in die Hand nimmt, aber doch auch nicht von ungefähr, sondern durch die Eigenschaften, die den Vertretern von Gericht und Polizei völlig abgehen und die sie auch zur Dichterin machen: Warmherzigkeit, Weisheit und eine untrügliche Sicherheit des Gefühls. Diese Eigenschaften ermutigen den notgedrungenen Mörder Cardillacs, sich ihr anzuvertrauen. Diesen Eigenschaften (und einer früheren persönlichen Verbindung) verdankte sie auch schon vorher ein Geständnis, das Olivier, um seine Geliebte zu schonen, der Polizei verweigert hatte.

In dieser Geschichte finden wir, neben einigen untergeordneten Motiven, die drei Elemente zusammen, die den Detektivroman konstituieren: Erstens den Mord, beziehungsweise die Mordserie, am Anfang und dessen Aufklärung am Ende, zweitens den verdächtigen Unschuldigen und den unverdächtigen Schuldigen, und drittens die Detektion, nicht durch die Polizei, sondern durch den Außenseiter, ein altes Fräulein und eine Dichterin, dazu als viertes, zwar nicht obligates, aber doch ungemein häufiges Element das versperrte Mordzimmer (locked room). Die Erzählung heißt ›Das Fräulein von Scuderi‹. Ihr

Verfasser ist der deutsche Romantiker E. T. A. Hoffmann. Sie erschien 1818 [eigtl. 1819/20], fast ein Vierteljahrhundert vor E. A. Poes ›Murders in the Rue Morgue‹, mit denen nach bisheriger Ansicht die Geschichte des Detektivromans beginnt.«

Rainer Schönhaar: Novelle und Kriminalschema. Ein Strukturmodell deutscher Erzählkunst um 1800. Bad Homburg v. d. H., Berlin, Zürich 1969, S. 19-26. (Ausschnitte)

Cardillac, die Verbrecherfigur in E. T. A. Hoffmanns „Fräulein von Scuderi“, ist ohne Zweifel die eindrucksvollste Gestalt der Dichtung; das zeigt allein schon das Übergewicht, das der Goldschmied in den späteren, meist dramatischen Bearbeitungen der Novelle erhalten hat, etwa bei Otto Ludwig und vor allem bei Ferdinand Lion, dem Librettisten der Hindemith-Oper. Dieser nachhaltige Eindruck geht jedoch nicht eigentlich auf Cardillacs Verbrechertum zurück, sondern darauf, daß in ihm Verbrechen und höchste künstlerische Auszeichnung aufs engste miteinander verschwistert sind: die Edelsteine, deren vollkommene Schönheit erst seine Goldschmiedekunst ganz erschließt, so „daß der Schmuck, der erst für unscheinbar gegolten, aus Cardillacs Werkstatt hervorging in glänzender Pracht“, diese Edelsteine haben eine unheimliche Macht über ihn; ihr muß er „nachgeben oder untergehen“, und so treibt sie ihn als sein „böser Stern“, wie es in einer der für Hoffmanns Stil charakteritischen stereotypen Formeln immer wieder heißt, zu seinen Mordtaten, für die er als Person jedoch nicht verantwortlich zu sein glaubt, spricht er doch ausdrücklich von seiner „unsterblichen Seele, die daran keinen Teil hat“. In dieser Weise sind hier Künstlertum und Verbrechertum aufeinander bezogen, und jede Sinndeutung hat von der so gefügten Motivkoppelung auszugehen. Wir aber müssen darüber hinaus fragen, ob mit ihr auch die Formstruktur des Werkes in dem Umfang erfaßt ist, der nötig wäre, um ihre geläufige Zuordnung zum Erzählschema der Detektivgeschichte zu rechtfertigen und für die Deutung im Ganzen fruchtbar zu machen. Zwar ist es bezeichnend für Hoffmanns Auffassung der Kunst als einer dem Alltäglichen nicht zugänglichen Begnadung und zugleich einer ebenso ungemeinen Gefährdung, daß Cardillacs hohes Künstlertum sich ebenso wie seine Verbrecherlaufbahn erst im Laufe des Geschehens allmählich enthüllt; aber bei genauerem Zusehen zeigt sich, daß gerade jene Partien des Werkes, die auf den ersten Blick an die typischen Baugesetze einer Kriminalerzählung erinnern, weder seiner Kunst noch seinen Mordtaten gelten, sondern seinem rätselhaften Ende: nicht also um seine Verbrechen, sondern um ein Verbrechen an ihm geht es hier in erster Linie. Damit aber scheidet die Möglichkeit weitgehend aus, von der zentralen Verbrecherfigur der Dichtung her einen Zugang zum Verständnis ihrer formalen Gestaltung im Sinne einer Detektivgeschichte zu finden; von Cardillac aus gesehen, ist das Werk in der Tat „mehr Künstler- als Kriminalnovelle".

Ein besserer Einblick in die Konstruktion der Erzählung nach dem Muster des Kriminalschemas scheint möglich, wenn man statt des Goldschmieds und der schrittweisen Enthüllung seiner Verbrechen Gestalt und Funktion der Titelheldin in Betracht zieht. In der Tat wird vor allem sie in diesem Zusammenhang immer genannt, freilich mit einiger Vorsicht und so, als wolle man dem dichtenden Hoffräulein die postulierte Nachbarschaft zu den Eigenschaften und Absichten einer Amateurdetektivin nur schonend unterstellen. Bloch bezeichnet sie lediglich als „fast schon detektivhaft, den Goldschmied entlarvend, seinen Gesellen rettend", und selbst Alewyn etikettiert sie nicht als Detektivgestalt, sondern spricht allgemeiner von einer „Detektion, nicht durch die Polizei, sondern durch den Außenseiter, ein altes Fräulein und eine Dichterin". Eine solche Zurückhaltung entspringt indessen nicht nur interpretatorischem Zartgefühl, sondern ist angesichts der ganz undetektivischen Gleichgültigkeit gegenüber dem Verbrechen, wie die Scuderi sie über weite Strecken der Handlung an den Tag legt, auch sachlich durchaus gerechtfertigt, zumal es hier sogar später – in ihrer neuen „Rolle als Advokat" – weniger um

Aufklärung und Sühne einer rätselhaften Untat geht, sondern vor allem um die Rettung Madelons und Oliviers, zu denen sie eine mütterliche Zuneigung gefaßt hat.

Entscheidend für Deutung und Wertung der Novelle ist dabei zunächst das geringe Verständnis, mit dem das Fräulein dem Künstlertum und der eng damit verbundenen Not des verbrecherischen Goldschmieds begegnet. Nur einmal, und zwar noch ehe sie ihn selbst kennenlernt, zeigt sie sich davon betroffen, als sie seine Kunst erkennt und anerkennt, indem sie „die wundervolle Arbeit des Halsschmucks" lobt, den ihr der geheimnisvolle nächtliche Besucher ins Haus gebracht hat; dann aber, da „die Brillianten [sic!] (...) in rötlichem Schimmer aufblitzten", wird sie der Gefahr inne, die von ihnen ausgeht, und, „voll Entsetzen" zurückschreckend, befiehlt sie, „das fürchterliche Geschmeide, an dem das Blut der Ermordeten klebe, augenblicklich fortzuschaffen". Schon mit dieser zurückweisenden Gebärde zeigt sie sich dem Anspruch nicht gewachsen, den Cardillac insgeheim an sie stellte, als er ihr den Schmuck zudachte; sagt er als Erklärung dafür doch, wie man später erfährt: „Jetzt ist es mir, als wenn ich der Tugend und Frömmigkeit selbst demutsvoll ein Opfer bringe und wirksame Fürsprache erflehe, indem ich der Scuderi den schönsten Schmuck sende, den ich jemals gearbeit". Wie immer man eine solche Verlagerung des Gedankens der Fürbitte und der stellvertretenden Entsühnung vom Religiösen auf den Menschen allein und auf die Kunst beurteilen mag, der Gedanke selbst verrät doch, welch große Hoffnungen Cardillac in die Dichterin setzt. Im Verlauf des Geschehens nimmt ihre Aufgeschlossenheit dafür jedoch eher ab als zu. Während der ersten und einzigen Begegnung der beiden in den Gemächern der Maintenon weist sie den Schmuck abermals von sich, und nach dem überstürzten Abschied des Goldschmieds ergibt sie sich bald dem „sprudelnden Strom tausend lustiger Einfälle"; d. h. einer unverbindlich verspielten Ironie, aus der heraus sie ihr Verhältnis zu Cardillac und alles, was er davon erwartet, verspottet als „das unerhörte Beispiel einer dreiundsiebzigjährigen Goldschmiedsbraut von untadeligem Adel". Auch fruchtet wenig, daß sie vorübergehend „alles lachenden Scherzes ungeachtet doch wieder ernst" wird und „hinter diesem allem irgendein grauenvolles entsetzliches Geheimnis" vermutet, denn doch am gleichen Abend zieht sie sich Cardillac gegenüber endgültig auf den schicksallosen Bereich höfischer Tändelei zurück, indem sie „auf Kosten Meister Rénes" die Begegnung mit ihm „in gar anmutige Verse" bringt. Damit hat sie für ihr Teil das Problem Cardillacs, sein aus dem Künstlertum hervorgehendes Verbrechertum, poetisch verflüchtigt und gleichsam eskamotiert, was als „Schuld" zu bezeichnen angesichts der geringen Tiefe der Gestalt allerdings zu anspruchsvoll wäre. Im weiteren Gang des Geschehens ist es dann nur folgerichtig, wenn die Scuderi bei den Enthüllungen des jungen Brusson über Wesen und Geschick seines Meisters keinerlei Anteilnahme mehr an ihm verrät, weder durch Wort noch Gebärde, und wenn sie ihren Entschluß, Cardillacs Geschmeide doch noch so „zu tragen", wie er es von ihr erhofft hat, nicht um seinetwillen faßt, sondern nur, damit sie das Anliegen ihrer beiden Schützlinge Olivier und Madelon geschickt bei Hofe vorbringen kann, denn sie selbst hat sich – so erklärt sie dem König auf seine Erinnerung an ihr früheres Scherzwort von der „dreiundsiebzigjährigen Goldschmiedsbraut" – inzwischen „ganz losgesagt von diesem Goldschmied" und ihn in seiner Not allein gelassen.

Genauso wie wir ohne aktive Anteilnahme der Titelgestalt Einsicht in die Geheimnisse um Cardillacs Künstler- und Verbrechertum gewinnen, trägt sie auch nur wenig zur Aufklärung seines rätselhaften Todes bei. Die wachsende Betriebsamkeit, die sie gegen Ende der Novelle zugunsten Madelons und Oliviers entfaltet, gilt lediglich der Entlastung der beiden, und selbst der Erfolg, der ihr schließlich beschieden ist, weist sie keineswegs als umsichtige Amateurdetektivin aus, denn gerade der detektivische Haupteffekt, die Entlarvung des wahren Täters anstelle des verdächtigen Unschuldigen, geschieht ohne alles Zutun der Scuderi, indem dieser Täter, der Graf von Miossens, sich selbst stellt und damit das Fräulein ebenso überrascht wie den Leser.

Wenn somit auch der Versuch, von der Titelheldin her Einblick in die Formstruktur des Werkes als eines erzählkünstlerischen Analogons zur trivialen und unterhaltenden Detektivgeschichte zu gewinnen, nicht sehr viel weitergeführt hat als unser erster Ansatz, der von Cardillac als der Verbrechergestalt der Novelle ausging, so bleibt eines doch festzuhalten: die erzähltechnische Schlüsselstellung, die das Fräulein von Scuderi einnimmt, indem alle dargestellten Ereignisse uns vorwiegend unter ihrer Perspektive erscheinen. Schon der Titel und die Eingangsszene, die zu mitternächtlicher Stunde vor und in dem Wohnhaus der Dichterin spielt, bereiten den Leser darauf vor, daß er sich zu seiner Orientierung im Geschehen hauptsächlich an sie zu halten hat, obwohl sie selbst erst im Anschluß an den panoramatisch gestalteten Überblick über die unsicheren Verhältnisse im Paris Ludwig XIV. in die Handlung eintritt. Auch dieser Überblick – nach Kanzog die „epische Exposition" – sowie die Eingangsszene als die „dramatische Exposition des Ganzen" werden jedoch in den engeren perspektivischen Horizont einbezogen, der durch die Titelgestalt und ihre Umgebung abgesteckt ist, wenn es heißt: „Alle Greuel der Zeit schilderte nun die Martiniere mit den lebhaftesten Farben, als sie am andern Morgen ihrem Fräulein erzählte, was sich in voriger Nacht zugetragen". Was hier wegen des kunstvoll verzögerten Eintritts der Scuderi in den Gang des Geschehens erst nachträglich deutlich wird, entwickelt sich sehr bald zum perspektivischen Grundprinzip des Werkes: das Fräulein verschwindet von nun an nicht mehr aus der Vordergrundshaltung, so daß der Leser sie stets begleitet; nur so erhält er Zugang zu den weiteren Vorfällen und Enthüllungen, denn er erfährt immer nur das, was sie erlebt und was man ihr erzählt. In die Begriffssprache der Literaturwissenschaft übersetzt, heißt das: sowohl die erzählte Gegenwart als auch die eingeschobenen Rückwendungen erschließen sich uns allein aus der Sicht der Scuderi; auf sie entfällt daher auch der weitaus größte Teil der vom Innensichtsstandort her gestalteten Partien. [...]

Genügt aber nun – so müssen wir fragen – das Überwiegen der perspektivischen Orientierung des Geschehens am Gesichtskreis der Scuderi, um sie trotz ihres wenig detektivischen Vorgehens mit den Heldenfiguren der nachmaligen Detektivliteratur in Verbindung zu bringen und von da aus auf eine Anlage des Werkes nach Maßgabe des Kriminalgeschehens zurückzuschließen? Ist es nicht vielmehr so, daß die Wahl und das Überwiegen dieser Perspektive dem Erzähler dazu verhelfen, das Geschehen in einer Abfolge darzustellen, die uns an das Aufbauschema später entstandener Detektivgeschichten denken läßt? – Wie das Fräulein stehen wir vor Geheimnissen und Rätseln. Ohne eine allzu große detektivische Aktivität von ihrer Seite erhält sie und erhalten wir Einblick in zurückliegende Ereignisse, die einiges Licht in das Dunkel bringen, ohne es ganz aufzuklären. Als ihr der inhaftierte Olivier Brusson in der Conciergerie vorgeführt wird und sie in ihm den unheimlichen nächtlichen Besucher, den Überbringer des Juwelenkästchens und den Schreiber des Warnbriefs erkennt, hält auch sie ihn zunächst für des Mordes an seinem Lehrherrn über führt, und mit ihr soll der Leser diesem Verdacht zumindest eine gewisse Wahrscheinlichkeit einräumen, einem Verdacht, der sich dann jedoch als falsch erweist. Zusammen mit der Scuderi, vor der Olivier und der Graf von Miossens ihre Geständnisse ablegen, erfahren wir schließlich auch die endgültige Lösung der Rätsel um die vermeintliche Bande von Mördern und Juwelendieben, um Cardillacs Künstlertum und seine geheimen Verbrechen und um den gewaltsamen Tod des Goldschmieds. Rätselhafte Vorgänge am Anfang, teilweise Aufklärungen, die auf die Vergangenheit zurückgreifen, oftmals aber nicht nur versteckte Hinweise auf die wahre Sachlage enthalten, sondern eine noch größere Verwirrung stiften, falsche Verdachtsmomente, die erst berichtigt werden müssen, und schließlich eine endgültige Aufklärung der Geheimnisse – solche Erzählfolgen sind auch dem Kenner von Detektivgeschichten vertraut; unabhängig davon haben wir sie hier in E. T. A. Hoffmanns Novelle „Das Fräulein von Scuderi“ angetroffen.

Auf Art und Abfolge des Erzählens müssen wir also vor allem achten, wenn wir von einem Kriminalschema in der Erzählkunst sprechen, uns dabei aber nicht auf gewaltsame Parallelen zur trivialen und gehobenen Unterhaltungsliteratur stützen wollen. Wie aber lassen sich diese Beobachtungen literaturwissenschaftlich verstehen, wie haben wir sie literaturgeschichtlich einzuordnen und im Einzelfall auszuwerten? Aus welchen erzähltechnischen Bauformen setzt sich die beschriebene Erzählfolge zusammen, und auf welche Weise verschmelzen diese Bauformen zu einem Strukturmodell, das uns später auch im Schema der zünftigen Detektivgeschichte begegnet? Finden sich ähnliche Erzählmuster auch sonst bei E. T. A. Hoffmann und in der hohen Erzählkunst seiner Zeitgenossen, und wie sollen wir uns die Aktualität eines solchen Strukturmodells erklären?

DIDAKTISCHE ANREGUNGEN

a) Allgemein

1. Welches Verhältnis zwischen Hoffmann und seinen Verlegern und Herausgebern spiegeln die hier herangezogenen Dokumente?
2. Auf welcher Basis verlaufen Hoffmanns Verleger- und Herausgeberverhandlungen?
3. Welche Bedeutung kann man den zeitgenössischen Rezensionen der Hoffmannschen Erzählungen in den Literaturgazetten zumessen?
4. Welche Rückwirkungen könnte Literaturrezensionen für einen Autor haben?
5. Wie sind die Leseranreden Hoffmanns zu verstehen? Wen wollen sie ansprechen? Was sollen sie bewirken?
6. Welcher Sprachhaltung bedienen sich die Leseranreden? Paßt die Sprachhaltung der Leseranreden in den Kontext der Erzählung?
7. Welche Funktion hat die Großstadt in den drei genannten Erzählungen?
8. Auf welche Weise kommt die Stadtbevölkerung zu Wort oder in den Blick?
9. Vergleich der Sprache, des Stils, der Erzählstruktur der drei Erzählungen.
10. Welche Funktion hat der Erzähler (Autor) dem Stoff und dem Leser gegenüber?
11. Verhält sich der Autor stärker stofforientiert oder leserorientiert?
12. Welche Funktion hat der Dialog (das Gespräch), welche die darstellende Beschreibung für die jeweilige Gesamterzählung?
13. Häufig wiederkehrende Motive und ihre Bedeutung.
14. Vergleich des Hoffmannschen Darstellungsprinzips mit demjenigen Kleists und Eichendorffs (Brentanos).
15. Wichtige Einführungsliteratur zum Fantastischen und Wunderbaren: Tzvetan Todorov: Einführung in die fantastische Literatur. München 1972; Ludwig Tieck: Über Shakespeares Behandlung des Wunderbaren. 1796.

16. Die Gestaltung des Dämonischen und des Grotesken in Hoffmanns Erzählungen.

b) Ritter Gluck

1. Vergleich zwischen Hoffmanns „Iphigenia-Rezension" und der Erzählung „Ritter Gluck".
2. Lektüre und Vergleich verschiedener Musiknovellen: Wilhelm Heinrich Wackenroder und Ludwig Tieck „Das merkwürdige musikalische Leben des Tonkünstlers Joseph Berglinger" (aus: Herzensergießungen eines kunstliebendes Klosterbruders); „Phantasien über die Kunst, für die Freunde der Kunst"; E.T.A. Hoffmann „Ritter Gluck"; „Kreisleriana"; „Rat Krespel"; „Die Fermate"; H.v. Kleist „Die heilige Cäcilie oder die Gewalt der Musik"; F. Grillparzer „Der arme Spielmann"; E. Mörike „Mozart auf der Reise nach Prag"; G. Keller „Das Tanzlegendchen"; Th. Mann „Tristan".
3. Die destruktiv-dämonische Seite der Musik: Wackenroder - Berglinger, Hoffmann - Gluck, Don Juan, Kreisler (Robert Schumann: Kreisleriana), Grillparzer - Armer Spielmann, Th. Mann - Tristan.

c) Der goldne Topf

1. Märchenhaftes und Unmärchenhaftes in Hoffmanns Märchen aus der neuen Zeit „Der goldne Topf".
2. Dresden und Atlantis. Untersuchungen zur Getaltung lokaler Verhältnisse bei E.T.A. Hoffmann.
3. Philiströse und Phantastische Welt in Hoffmanns „Der goldne Topf".
4. Mythische und reale Weltgestaltung in Hoffmanns Märchen „Der goldne Topf".

d) Das Fräulein von Scuderi

1. Die Gestalt des Künstlers (Cardillac, Scuderi) in der Erzählung „Das Fräulein von Scuderi".

2. Stilmerkmale und Gestaltungsmerkmale der Kriminalgeschichte in E.T.A. Hoffmanns „Das Fräulein von Scuderi".
3. Die Gestaltung pathologischer Züge im Charakterbild René Cardillacs.
4. Erzählstrukturen der Novelle „Das Fräulein von Scuderi" (Vor- und Rückblenden, Dialog und Beschreibung, Funktion des Erzählers, Sprach- und Erzählhaltung der Figuren, Zeitraffung und Zeitdehnung, Blickführung des Erzählers und der handelnden Personen etc.).

Ernst Theodor Amadeus Hoffmann:

LEBEN UND WERK

Tabellarische Übersicht

1776 24. Jan.: geboren in Königsberg/Preußen als Sohn des Hofgerichtsadvokaten und späteren Justizkommissars und Kriminalrats Christoph Ludwig Hoffmann und dessen Ehefrau Lovisa Albertina Hoffmann, geb. Doerffer. Sein Taufnamen: Ernst Theodor Wilhelm (den Namen Wilhelm hat er in Verehrung Mozarts 1805 in Amadeus umgeändert). Geschwister: Johann Ludwig (geb. 1768, gest. nach 1822) und Carl Wilhelm Philipp (geb. 1773, bald verstorben).

1778 Nach Scheidung der Eltern wird Hoffmann der Mutter zugesprochen, der ältere Bruder dem Vater. Theodor und seine Mutter wohnen im Haus der Großmutter Doerffer, danach lebt Theodor bis 1800 bei seinem Onkel Otto Wilhelm Doerffer, der für seine Erziehung maßgeblich ist.

1782 Besuch der reformierten Burgschule in Königsberg.

1787 Beginn der Freundschaft mit seinem Klassenkameraden Theodor Gottlieb von Hippel. Unterricht in Musik und Zeichnen.

1792 Beginn des Studiums (Jura) an der Universität Königsberg. Kant lehrt zu dieser Zeit Philosophie an der Universität Königsberg, Hoffmann hat nicht bei ihm gehört.
H. erteilt Musikstunden und verliebt sich in seine 10 Jahre ältere Schülerin Dora Hatt.

1795 Musikalische, zeichnerische und literarische Versuche Hoffmanns. 1. jurist. Examen am Obergericht in Königsberg.
Seit 27. August Auskultator (Beisitzer ohne Stimme) am genannten Gericht.

1796 Versetzung Hoffmanns an das Gericht in Glogau; tätig als Auskultator an der Oberamtsregierung. H. wohnt bei seinem Onkel Johann Ludwig Doerffer (Regierungsrat in Glogau). Trennung von Dora Hatt.

1798 Verlobung mit seiner Cousine Minna Doerffer aus Glogau; 2. jurist. Examen (20. Juni); Ernennung zum Referendar. Ende August geht H. nach Berlin als Referendar an das Kgl. Kammergericht. Neben seiner beruflichen Tätigkeit Musikunterricht bei Johann Friedrich Reichhardt.
Bekanntschaft mit Künstlern und Schriftstellern in Berlin. Intensive zeichnerische Bemühungen.

1799 Singspiel „Die Maske", Text und Musik von Hoffmann.

1800 Angebot des Singspiels an den Direktor des National-Theaters, August Wilhelm Iffland, der es ablehnt.
Februar: 3. jurist. Examen beim Kammergericht.
27. März: Ernennung zum Assessor ans Obergericht nach Posen, wohin er sich nach einer Rundreise mit seinem Freund Hippel begibt, Reise über Potsdam, Dessau, Leipzig, Dresden.

1802 Ernennung zum Regierungsrat (21. Februar).
Wegen seiner Karikaturen bekannter Persönlichkeiten in Posen, die er während eines Festes verteilen läßt, wird H. an die Neu-Ostpreußische Regierung in Plock versetzt.
Lösung der Verlobung mit Minna Doerffer. Heirat mit der Polin Maria Thekla Michalina Rohrer-Trzinska (1781-1859) in Posen.
In Plock literarische Arbeiten und Kompositionen.

1804 Versetzung an die Südpreußische Regierung in Warschau (16. Februar). Bekanntschaft mit dem Assessor Julius Eduard Itzig (seit 1809 Hitzig). Hitzig wird neben Hippel Hoffmanns treuester Freund. Nach Hoffmanns Tod wird Hitzig dessen erster Biograph. Wiedersehen mit dem ihm aus seiner Königsberger Zeit bekannten

Dichter Zacharias Werner (zeitweise wohnten Hoffmann und Werner im selben Hause). Musik zu „Die lustigen Musikanten", Singspiel in zwei Akten nach dem Text von Clemens Brentano.

1805 Tochter Caecilia geboren (gest. 1807). H. Mitbegründer der „Musikalischen Gesellschaft". Anregendes künstlerisches und gesellschaftliches Leben in Warschau.
Musik zu Zacharias Werners Trauerspiel „Das Kreuz an der Ostsee".

1806 H. übernimmt Renovierung und Ausmalung des von der Musikalischen Gesellschaft erworbenen Palais Mniszek. Einmarsch der Franzosen in Warschau; Auflösung der Südpreußischen Regierung durch Napoleon; Entlassung der preußischen Beamten.

1807 H. leistet den Eid auf Napoleon nicht, muß deswegen Warschau verlassen. Übersiedlung nach Berlin. Wohnung: Friedrichstraße Nr. 179. Schlechte wirtschaftliche Verhältnisse Hoffmanns.
Zeichnungen, Aquarelle (Sammlung grotesker Gestalten, 1808 als 1. Heft erschienen).
Bewerbung um die Stelle eines Musikdirektors (Kapellmeisters) am Theater in Bamberg.
Abreise aus Berlin (9. Juni).

1808 Der Theaterdirektor Julius Reichsgraf von Soden engagiert Hoffmann. Am 1. September trifft H. in Bamberg ein. Erste Wohnung: Nonnenbrücke 10. Nach Aufgabe der Tätigkeit als Kapellmeister wird H. Theaterkomponist und Musikschriftsteller (Rezensionen, musikalische Novellen).

1809 Schließung des Bamberger Theaters. H. gibt Musikunterricht, er verliebt sich in seine Klavierschülerin Julia Mark.
1. Mai: Umzug Zinkenwörthplatz 50 (heute Hoffmann-Gedenkstätte Schillerplatz) gegenüber dem Theater.

1810 Wiedereröffnung des Theaters unter Leitung von Franz von Holbein, der H. als Theaterkomponist, Bühnenbildner und Maler engagiert. H. hat in Bamberg eine Reihe von Bühnenbildern geschaffen.
Bekanntschaft mit Carl Maria von Weber.
„Saul. König in Israel", Melodram, Text von Joseph Ritter von Seyfried, Musik von Hoffmann.

Selbstbildnis Hoffmanns mit Dr. Markus (Medizinaldirektor in Bamberg).

1812 H. malt Fresken im Gartenhaus des Dr. Markus.
Erste Idee zur Oper „Undine".
Bekanntschaft mit Meyerbeer.
Musik zu „Aurora", Oper in drei Akten von Franz von Holbein.

1813 Finanzsorgen.
Musikdirektor in Leipzig unter Operndirektor Joseph Seconda.
Abreise nach Dresden (21. April). Beschießung der Stadt durch die Franzosen. H. sieht Napoleon und den König von Sachsen auf der Elbbrücke.
Abreise von Dresden nach Leipzig, am 23. Mai Ankunft in Leipzig.
Am 25. Juni H. wieder in Dresden. Kanonade der Stadt.
16. bis 18. Oktober: Völkerschlacht bei Leipzig. 19. Oktober: Einzug der alliierten Truppen in Leipzig.
9. Dezember: Hoffmann übersiedelt wieder nach Leipzig.

1814 26. Februar: Seconda entläßt Hoffmann. Krankheit.
April: Napoleon gestürzt.
H. strebt wieder in den preußischen Staatsdienst, was durch Vermittlung Hippels gelingt.
26. September: Ankunft in Berlin.
1. Oktober: „Hilfsarbeiter" mit beratender Stimme beim Kammergericht.
Hoffmann trifft Hitzig wieder, alte und neue Bekannte und Freunde, darunter die Dichter Chamisso, Ludwig Tieck, Friedrich Baron de la Motte-Fouqué, die Maler Kolbe und Veit.
12. Oktober: Gründung des Seraphinenordens mit Hitzig und dem Dichter Christian Jakob Salice Contessa, zu denen sich später noch andere Freunde und Gäste gesellen (genannt nach dem Hl. Seraphinus).
31. Oktober: Versetzung in den Kriminal-Senat des Kammergerichts.
1814/15 erscheinen vier Bände „Fantasiestücke in Callot's Manier" bei Kunz in Bamberg. Darin u. a. „Ritter Gluck", „Don Juan", „Nachrichten von den neuesten Schicksalen des Hundes Berganza",

„Kreisleriana“, „Der goldne Topf“, „Die Abenteuer der Silvester-Nacht“.

1815 H. hat im Gericht das volle Votum. Geselliger Verkehr. Freundschaften. Mit dem Schauspieler Ludwig Devrient und anderen Freunden bei Lutter & Wegner (Weinlokal).
„Die Elixiere des Teufels“, zwei Bände.

1816 Am 22. Mai wird H. zum Kammergerichtsrat ernannt.
1. Mai: Wirkliches Mitglied des Kriminal-Senats.
3. August: Erfolgreiche Uraufführung der Zauberoper „Undine„ (Text: de la Motte-Fouqué, Musik: E.T.A. Hoffmann) im Schauspielhaus.

1817 29. Juli: Brand des Schauspielhauses, wobei die Undine-Dekorationen vernichtet werden (13 Aufführungen der Oper).
„Nachtstücke“ zwei Teile. Darin: „Der Sandmann“ und „Das Majorat“.

1818 In Anlehnung an die Seraphinen-Abende treten Hoffmann, Hitzig, Contessa und Dr. Koreff als „Serapionsbrüder“ (genannt nach dem Hl. Serapion, 14. XI.) zusammen. Zusammenkünfte der Serapionsbrüder auch mit Gästen: Fouqué, Chamisso, Eichendorff. Der letzte Serapions-Abend: Im Februar 1820. Schlechter Gesundheitszustand. „Seltsame Leiden eines Theater-Direktors“.

1819 Juli bis September Erholungsreise mit seiner Frau nach Schlesien: Warmbrunn, Riesengebirge; Abstecher nach Prag.
1. Oktober: H. wird zum Mitglied der Immediat-Untersuchungskommission „zur Ermittlung hochverräterischer Verbindungen und anderer hochverräterischer Umtriebe“ ernannt (ohne Vergütung).
„Klein Zaches, genannt Zinnober“. 1. Band der „Serapions-Brüder“ (darin: „Die Bergwerke zu Falun“, „Nußknacker und Mausekönig“).

1820 Der Komponist Spontini wird nach Berlin berufen. Hoffmann schreibt seinen „Gruß an Spontini“.
Der Polizeidirektor von Kamptz wird Hoffmanns Gegner, der patriotisch aber liberal gesinnt ist und für den Turnvater Jahn und andere „Demagogen“ eintritt.

1821 Schlechter Gesundheitszustand (Rückenmarkserkrankung). Hoffmanns Kater Murr stirbt, Hoffmann verfaßt für ihn eine Todes-

anzeige (an Hitzig).
1. Dezember: Berufung H. in den Oberappellations-Senat des Kammergerichts.
Übersetzung des Textes von Spontinis Oper „Olympia“ ins Deutsche.
„Prinzessin Brambilla“ (Capriccio nach Callot).
„Die Serapions-Brüder“ (4 Bände) (darin: „Doge und Dogaresse“, „Meister Martin der Küfner und seine Gesellen“, „Das Fräulein von Scuderi“, „Signor Formica“). H. entwirft Einbände, Vignetten und Illustrationen zu seinen Büchern.

1822 Brief an seinen Verleger in Frankfurt wegen ihm notwendig scheinender Streichungen im „Meister Floh“, der in der Gestalt des Hofrats Karrpanti allzu deutliche Anspielungen auf Kamptz enthält. Beschlagnahme des Manuskripts auf Veranlassung der preußischen Regierung. Einleitung eines Disziplinarverfahrens. Vernehmung des schwer erkrankten Hoffmann in seiner Wohnung. Hoffmann diktiert vom Krankenlager aus seine Rechtfertigung.

Als letzte Werke erscheinen: „Lebens-Ansichten des Katers Murr nebst fragmentarischer Biographie des Kapellmeisters Johannes Kreisler in zufälligen Makulaturblättern“ (zwei Bände, ein dritter war nur konzipiert), „Meister Floh“ (zensurierte Ausgabe), „Meister Johannes Wacht“, „Des Vetters Eckfenster“.
25. Juni: Der am ganzen Körper gelähmte Hoffmann will noch an der Erzählung „Der Feind“ arbeiten, stirbt jedoch darüber (vormittags).
28. Juni: Bestattung auf dem Friedhof der Jerusalems-Gemeinde beim Halleschen Tor in Berlin. Seine Freunde stiften den Grabstein.

LITERATURHINWEISE

Ausgaben:

E. T. A. Hoffmanns sämtliche Werke. Hist.-krit. Ausgabe mit Einleitungen, Anmerkungen und Lesarten von Carl Georg von Maassen, München 1908-1928 (Unvollständig)

E. T. A. Hoffmanns Werke in fünfzehn Teilen. Auf Grund der Hempelschen Ausgabe neu herausg., mit Einl. u. Anmerkungen versehen von Georg Ellinger. Berlin u. a. (1912)

E. T. A. Hoffmann: Sämtliche Werke in fünf Einzelbänden. Unter Mitarbeit von Walter Müller-Seidel, Friedrich Schnapp, Wolfgang Kron und Wulf Segebrecht. München 1960-65 (die z. Z. beste erhältliche Ausgabe)

Hoffmanns Werke in drei Bänden. (Bibliothek Deutscher Klassiker.) Herausgegeben von den Nationalen Forschungs- und Gedenkstätten der Klassischen Deutschen Literatur in Weimar. Ausgewählt und eingeleitet von Gerhard Schneider. Berlin und Weimar 1976 (5. Auflage) (Eine gute, solide kommentierte u. zudem preisgünstige Ausgabe)

E. T. A. Hoffmanns Briefwechsel. Gesammelt und erläutert von Hans von Müller und Friedrich Schnapp. Herausgegeben von Friedrich Schnapp. 3 Bände. München 1967-69

E. T. A. Hoffmann: Tagebücher. Nach der Ausgabe Hans v Müllers mit Erl. herausgegeben von Friedrich Schnapp. München 1971

Handzeichnungen E. T. A. Hoffmanns in Faksimiledruck. Mit einer Einleitung: E. T. A. Hoffmann als bildender Künstler, herausg. von Hans von Müller. Textrevision der Erläuterungen von Friedrich Schnapp. Hildesheim 1973

E. T. A. Hoffmann: Juristische Arbeiten. Herausg. u. erl. von Friedrich Schnapp München 1973

E. T. A. Hoffmann in Aufzeichnungen seiner Freunde und Bekannten. Eine Sammlung von Friedrich Schnapp. München 1974

E. T. A. Hoffmann. Dichter über ihre Dichtungen. Bd. 13. Herausg. von Friedrich Schnapp. München 1974

E. T. A. Hoffmann. Ein universaler Künstler. (Texte mit Materialien) Herausg. von Hans-Ulrich Lindken. Stuttgart 1980

Bibliographien und Forschungsberichte:

Goedeke, K.: Grundriß zur Geschichte der deutschen Dichtung. Bd. 8, 1905 u. Bd. 14. Berlin und Düsseldorf 1955

Salomon, G.: E. T. A. Hoffmann. (Bibliographie) (1803-1871). Berlin 1924. 2. Aufl. 1927 (verbessert u. vermehrt). Nachdruck Hildesheim 1963

Kanzog, K.: Grundzüge der E. T. A. Hoffmann-Forschung seit 1945. Mit einer Bibliographie. In: Mitteilungen der E. T. A. Hoffmann-Gesellschaft 9, 1962, S. 1-30. Seitdem laufend bibliogr. Ergänzungen in den MHG (Kanzog)

Voerster, J.: 160 Jahre E. T. A. Hoffmann-Forschung 1805-1965. Eine Bibliographie mit Inhaltserfassung und Erläuterungen. Stuttgart 1967

Allroggen, G.: E. T. A. Hoffmanns Komposition. Ein chronologisch-thematisches Verzeichnis seiner musikalischen Werke mit einer Einführung. Regensburg 1970

Steinecke, H.: Zur E. T. A. Hoffmann-Forschung. In: ZdPh 89/2, 1970, S. 222-234

Zitomirskaja, Z. V.: E. T. A. Gofman. Bibliografija russkich perevodov i krticeskoj Literatury. Moskva 1964

Lindken, H. U.: Polnische Hoffmann-Bibliographie. In: MHG, Bamberg 1974/20, S. 74 f.

Allgemeine Literatur über E. T. A. Hoffmann:

Das Allgemeinverzeichnis nimmt lediglich wichtige Forschungsliteratur der letzten 30 Jahre auf. Die Beiträge, die in Prangs „Sammelband“ vorhanden sind, werden hier nicht besonders verzeichnet. Es wird ganz besonders auf die beiden Sammelbände, die anläßlich des 200. Geburtstages des Dichters 1976 herausgegeben wurden, hingewiesen.

1. E. T. A. Hoffmann. Herausg. von Helmut Prang (Wege der Forschung. Bd. CDLXXXVI), Darmstadt 1976 (enthält 18 grundlegende Arbeiten aus dem Zeitraum 1906-1973. Zur wissenschaftl. Orientierung sehr empfehlenswert)

2. Hoffmann-Sonderheft. Zeitschrift für deutsche Philologie. Bd. 95, November 1976. (Enthält 9 Originalbeiträge zum Hoffmann-Jahr)

3. Zu E. T. A. Hoffmann. Herausg. von Steven Paul Scher. LWG–Interpretation 54. Stuttgart 1981

Alewyn, R.: Das Rätsel des Detektivromans. In: Definitionen. Essays zur Literatur. Frankfurt 1963

Conrad, H.: Die literarische Angst. Das Schreckliche in Schauerromantik- und Detektivgeschichte. Düsseldorf 1974

Cramer, Th.: Das Groteske bei E. T. A. Hoffmann. München 1966

Ellis, J. M.: E. T. A. Hoffmanns „Das Fräulein von Scuderi". In: The Modern Language Review, 64, 1969

Freund, W.: Die deutsche Kriminalnovelle von Schiller bis Hauptmann. Paderborn 1975

Helmke, U.: E. T. A. Hoffmann. Lebensbericht mit Bildern und Dokumenten. Kassel 1975

Ingham, N. W.: E. T. A. Hoffmann's reception in Russia. Würzburg 1974

Jaffé, A.: Bilder und Symbole aus E. T. A. Hoffmanns Märchen „Der goldne Topf". In: C. G. Jung: Gestaltungen des Unbewußten. Zürich 1950

Kalfus, R.: The Function of the Dream in the Works of E. T. A. Hoffmann. Phil. Diss. Washington University, St. Louis, Missouri 1973

Köhn, L.: Vieldeutige Welt. Studien zur Struktur der Erzählungen E. T. A. Hoffmanns und zur Entwicklung seines Werkes. Tübingen 1966

Lindken, H. U.: (Hrsg.): E. T. A. Hoffmann „Das Fräulein von Scuderi". Erläuterungen und Dokumente. Reclams-Universal-Bibliothek 8142 [2], Stuttgart 1978

Loecker, A. De: E. T. A. Hoffmann: Der goldne Topf. Beschreibung von Thematik und Form. In: Duitse Kroniek 25. 1973, S. 116-39

Mayer, H.: Die Wirklichkeit E. T. A. Hoffmanns. In: Von Lessing bis Th. Mann. Pfullingen 1959

Matt, P. v.: Die Augen der Automaten. E. T. A. Hoffmanns Imaginationslehre als Prinzip seiner Erzählkunst. Tübingen 1971

Mitteilungen der E. T. A. Hoffmann-Gesellschaft, Bamberg (fortlaufend seit 1938/39)

Müller, H.: Untersuchungen zum Problem der Formelhaftigkeit bei E. T. A. Hoffmann. Diss. Bern 1964

Pikulik, L.: Das Wunderliche bei E. T. A. Hoffmann. Zum romantischen Ungenügen an der Normalität. In: Euphorion. 69, 1975, S. 294-319

Preisedanz, W.: Humor als dichterische Einbildungskraft. Studien zur Erzählkunst des poetischen Realismus. München 1963

Schönhaar, R.: Novelle und Kriminalschema. Ein Strukturmodell deutscher Erzählkunst um 1800. Bad Homburg u. a. 1969

Scholz, I.: E.T.A. Hoffmann, Das Fräulein von Scuderi/Der goldene Topf – Interpretationen und unterrichtspraktische Vorschläge – 'Analysen und Reflexionen' Bd. 57. Hollfeld 1985

Segebrecht, W.: Autobiographie und Dichtung. Eine Studie zum Werk E. T. A. Hoffmanns. Stuttgart 1967

Segebrecht, W.: E. T. A. Hoffmann. In: Deutsche Dichter der Romantik, Hrsg. von Benno von Wiese. Berlin 1971

Stegmann, I.: Deutung und Funktion des Traumes bei E. T. A. Hoffmann. Diss. Bonn 1973

Thalmann, M.: E. T. A. Hoffmanns „Fräulein von Scuderi". In: Monatshefte für deutschen Unterricht, deutsche Sprache und Literatur. 1949, Vol. XLI/2, S. 107-116

Thalmann, M.: E. T. A. Hoffmanns Wirklichkeitsmärchen. In: Journal of English and Germanic Philology 51, 1952, S. 473-91

Todorov, T.: Einführung in die fantastische Literatur. München 1972

Werner, H. G.: E. T. A. Hoffmann. Darstellung und Deutung der Wirklich keit im dichterischen Werk. Berlin und Weimar² 1971

Chemie

Th. Bokorny

Chemie Gerüst

Wegweiser und Ratgeber für Schüler und Abiturienten.
13. überarbeitete Auflage
128 Seiten

Bestell-Nr. 0674-2

Dieses kurze in Tabellenform abgefaßte Vademecum der Chemie soll kein Lehrbuch oder Lexikon sein, sondern die großen Linien und wissenswerten Teile der modernen Chemie übersichtlich klar und einprägsam veranschaulichen und in Erinnerung bringen.

Thomas Neubert

Chemische Formelsammlung 9.-10. Klasse

36 Seiten

Bestell.-Nr. 0685-8

Hier wurden die wesentlichen Formeln mit Ihren Anwendungsmöglichkeiten aufgezeichnet. Für den Schulunterricht und für häusliches Arbeiten ein wichtiges Hilfsmittel – echte Lernhilfe!

Deutsch

Christian Floto

Basisinterpretationen für den Literatur- und Deutschunterricht I

-Ausgewählte Stücke und Prosa von Shakespeare bis Ionesco-

96 Seiten 2. Auflage

Bestell-Nr. 0589-4
Nach einer kurzen Skizzierung der Literaturepoche werden anhand häufig gelesener Stücke Basisinterpretationen gegeben. Alle Beispiele entstanden im Unterricht der Sekundarstufen.
Folgende Stücke werden u.a. behandelt:
Shakespeare, Hamlet - Lessing, Nathan - Schiller, Wallenstein - Goethe, Iphigenie - Kleist, Marquise von O/Die Verlobung ... - Fontane, Effi Briest - Dostojewski, Der Spieler - Hauptmann, Rose Bernd -Mann, Tonio Kröger - Döblin, Berlin Alexanderplatz - Kafka, Der Prozeß - Brecht, Sezuan - Kipphardt, Oppenheimer - Frisch, Homo Faber - Frisch, Biedermann u. Br. - Ionesco, Die Stühle.

Christian Floto

Basisinterpretationen für den Literatur- und Deutschunterricht II

-Ausgewählte Stücke und Prosa "moderner" Autoren in der ersten Hälfte des 19. Jahrh.

108 Seiten

Bestell-Nr. 0593-2

Literaturgeschichtlicher Abriß, Biographische Stationen, Aufbauprinzipien von Novelle und Drama; problemorientierte Bezüge zur modernen sozialpsychologischen Lebenssituation. Folgende Stücke werden u.a. behandelt:
Büchner, Woyzeck - Grabbe, Scherz, Satire, Ironie ...: Kleist, Der zerbrochene Krug/Prinz von Homburg/ Michael Kohlhaas/Erdbeben in Chili.

Bernd Matzkowski

Basisinterpretationen für den Literatur- und Deutschunterricht III

Untersuchungen und didaktische Hinweise zum Volksbuch Till Eulenspiegel.

Hinweise auf den Schelmenroman.

80 Seiten

Bestell-Nr. 0598-3

Sachanalyse - Ausgewählte Historien - Motivquerverbindungen zu Schelmenromanen des 16. und 17. Jahrhunderts - Vorschläge für die Behandlung im Unterricht u.a.

Bernd Matzkowski/Ernst Sott

Basisinterpretationen für den Literatur- und Deutschunterricht IV

36 moderne deutsche Kurzgeschichten mit Arbeitsfragen.

112 Seiten

Bestell-Nr. 0599-1

Interpretation der Kurzgeschichten **mit Arbeitsfragen** zu
ARBEITSTEXTE FÜR DEN UNTERRICHT (Reclam)
Deutsche Kurzgeschichten 11.-13. Schuljahr

und
Pratz/Tiel:
NEUE DEUTSCHE KURZGESCHICHTEN
(Diesterweg)

Karin Cohrs/Martin H. Ludwig

Basisinterpretationen für den Literatur- und Deutschunterricht V

Romane und Novellen des 19. Jahrh.

120 Seiten

Bestell-Nr. 0631-9

Aus dem Inhalt:
Einleitung, Politik und Kultur des 19. Jahrhunderts - Interpretationen ausgewählter Romane und Novellen.

Kurzbiographie des Dichters - Entstehung des Werkes - Inhalt - Charaktere - Situationen - Erschließung des Textes (stilistische Besonderheiten, literaturhistorischer Rahmen, gesellschaftliche und politische Bezüge usw.). Arbeitsfragen.
Hoffmann, Das Fräulein von Scuderi - Kleist, Das Erdbeben in Chili - Mörike, Maler Nolten - Gotthelf, Wie Uli der Knecht glücklich wird - Storm, Immensee - Droste-Hülshoff, Die Judenbuche - Raabe, die Akten des Vogelgesangs - Fontane, Der Stechlin - Eichendorff, Aus dem Leben eines Taugenichts - Keller, Die drei gerechten Kammacher - Storm, Hans und Heinz Kirch - Raabe, Die schwarze Galeere - Fontane, Schach von Wuthenow - Hauptmann, Bahnwärter Thiel

Rüdiger Giese/Christian Floto

Basisinterpretationen für den Literatur- und Deutschunterricht VI

Romane und Novellen aus dem 20.Jahrhundert

112 Seiten

Bestell-Nr. 0473-1

Schnitzler, Leutnant Gustl - Mann, Tod in Venedig - Kafka, Die Verwandlung - Hesse, Der Steppenwolf - Kästner, Fabian - Mann, Mephisto - Zweig, Schachnovelle - Böll, Haus ohne Hüter - Wolf, Der geteilte Himmel - Kempowski, Tadellöser und Wolff

Bausteine - Deutsch

stellt detailierte Unterrichtsstunden zur Behandlung unterschiedlichster Texte für die Sekundarstufen I und II vor.

Anordnung der Stunden als Sequenzen - Texte und Textanalysen - Didaktisch-methodische Arbeitshinweise - praktisch zu handhaben.

Angesprochen sind Lehrer und Lehramtsanwärter aller Schulformen.

Autoren sind: Praktiker - Ausbilder - Fachwissenschaftler aus allen Schulformen.

Bausteine Lyrik I

Spiel mit Sprache/Lyrischer Humor/Konkrete Poesie

Bestell-Nr. 0650-5

Bausteine Lyrik II

Balladen/Modernes Erzählgedicht/Chanson/Politische Lyrik/Thema- und Motivverwandschaft.
Bestell-Nr. 0651-3

Gerhart Hauptmann: Die Weber
Bestell-Nr. 0652-1

Max Frisch: Homo Faber
Bestell-Nr. 0653-X

Theodor Storm: Pole Poppenspäler
Bestell-Nr. 0654-8

Albert Camus: Die Pest
Bestell-Nr. 0655-6

George Orwell: 1984/Animal Farm
Bestell-Nr. 0656-4

Thomas Mann: Tonio Kröger
Bestell-Nr. 0657-2

Goethe-Plenzdorf: Werther
Bestell-Nr. 0658-0

Theodor Storm: Schimmelreiter
Bestell-Nr. 0659-9

Gotth. E. Lessing: Nathan der Weise
Bestell-Nr. 0660-2

Fr. Dürrenmatt:
Der Richter und sein Henker
Bestell-Nr. 0661-0

Joh. W. von Goethe: Faust I/II
Bestell-Nr. 0662-9

Jos. v. Eichendorff: Taugenichts
Bestell-Nr. 0663-7

Hermann Hesse: Der Steppenwolf
Bestell-Nr. 0664-5

Franz Kafka: Kurze Prosaformen
Bestell-Nr. 0665-3

Joh. Wolfg. von Goethe:
Iphigenie auf Tauris
Bestell-Nr. 0666-1

Bert Brecht: Leben des Galilei
Bestell-Nr. 0667-X

Annette von Droste-Hülshoff:
Die Judenbuche
Bestell.-Nr. 0668-8

Dichtung in Theorie und Praxis

Texte für den Unterricht

Mit dieser Serie von Einzelheften legt der BANGE-VERLAG Längs- und Querschnitte durch Dichtungs-(Literatur) Gattungen für die Sekundarstufen vor.
Jeder Band ist - wie der Reihentitel bereits aussagt - in die Teile Theorie und Praxis gegliedert; darüber hinaus werden jeweils zahlreiche Texte geboten, die den Gliederungsstellen zugeordnet sind. Ein Teil Arbeitsanweisungen schließt sich an, der entweder Leitfragen für die einzelnen Abschnitte oder übergeordnete oder beides bringt.
Wir hoffen bei der Auswahl der Texte eine „ausgewogene Linie" eingehalten und die Bände für die Benutzer wirklich brauchbar gestaltet zu haben.

Bestell-Nr.

450 Die Lyrik	**DM 7,80**
451 Die Ballade	**DM 8,80**
452 Das Drama	**DM 8,80**
453 Kriminalliteratur	**DM 7,80**
454 Die Novelle	**DM 7,80**
455 Der Roman	**DM 8,80**
456 Kurzprosa (Kurzgeschichte, Kalendergeschichte/Skizze/Anekdote)	**DM 7,80**
457 Die Fabel	**DM 7,80**
458 Der Gebrauchstext	**DM 7,80**
459 Das Hörspiel	**DM 7,80**
460 Trivialliteratur	**DM 7,80**
461 Die Parabel	**DM 7,80**
462 Die politische Rede	**DM 5,80**
463 Deutsche Lustspiele und Komödien	**DM 8,80**

Weitere Bände in Vorbereitung

Egon Ecker

Wie interpretiere ich Novellen und Romane?

Methoden und Beispiele

180 Seiten - 2. Auflage

Bestell-Nr. 0686-6

Notizen zur Betrachtung eines dichterischen Textes - zur Technik der Interpretation.

Beispiele:
Keller, Drei gerechte Kammacher

Novellen:
Büchner, Lenz - Storm, Schimmelreiter - Andres, Die Vermummten

Romane:
Mann, Königl. Hoheit - Frisch, Homo Faber - Andres, Knabe im Brunnen - Andersch, Sansibar.
Zur Theorie der Novelle - Zur Theorie des Romans - Gliederungsvorschläge - Themenvorschläge - Literaturverzeichnis

Egon Ecker

Rechtschreibung und Diktate

3./4. Jahrgangsstufe

2. Auflage, 112 Seiten

Bestell-Nr. 0579-7

Als Band für die Vorbereitung des Übertritts in andere Schularten gibt der Autor ein Hilfsmittel zur richtigen Schreibweise und Anwendung der deutschen Sprache.

Inhalt: Groß- und Kleinschreibung - Gleich und ähnlichklingende Laute - Dehnung - Schärfung - Silbentrennung - Sprachlehre - Satzmodelle - Diktatstoffe - Lösungen u.v.a.

Epochen deutscher Literatur

Kurzgefaßte Abhandlung für den Deutschunterricht an weiterführenden Schulen.

Bestell.-Nr. 0480
Die deutsche Romantik I
Frühromantik

Bestell.-Nr. 0481
Realismus des 19. u. 20. Jahrhunderts

Bestell.-Nr. 0482
Impressionismus und Expressionismus

Bestell.-Nr. 0483
Sturm und Drang

Bestell.-Nr. 0484
Die deutsche Romantik II
Spätromantik

Bestell.-Nr. 0485
Die Deutsche Klassik

Bestell.-Nr. 0486
Von der Aufklärung zum Sturm und Drang
Literaturgeschichtliche Querschnitte

Bestell.-Nr. 0487
Deutsche Dichtung des Barock

Gerd Eversberg

Wie verfasse ich ein Referat?

Hinweise für die Informationsbeschaffung und -verarbeitung für den Literaturunterricht.

116 Seiten

Bestell.-Nr. 0582-7

Dieser Band soll den Schülern transparentes Arbeiten lehren. Das Themenbeispiel orientiert sich an der Schulpraxis und wurde auch erfolgreich erprobt.

Inhalt: Bibliographieren – Zitieren Materialsammlungen – Bibliotheksbenutzung – Entleihen – Fernleihverkehr – Verlagskataloge und Buchhandlung – Manuskriptgestaltung – Referieren – Diskutieren.

Textanalyse 1 Umgang mit fiktionalen (literarischen) Texten

152 Seiten

Bestell-Nr. 0641-6

Aus dem Inhalt:
I. Der Begriff des fiktionalen Textes: Das "Ästhetische" der Literatur - Betrachtungsweisen von Literatur - Literarische Wertung.

II. Probleme der Interpretation: Der Prozeß des "Verstehens" - Methoden der Literaturinterpretation - Arbeitstechniken (Textwiedergabe / Texterarbeitung / Texterörterung).

III. Beispiele für Interpretationen: Epische Texte - Dramatische Texte - Gedichte.
IV. Massenliteratur.

Textanalyse 2 Umgang mit nichtfiktionalen (Gebrauchs-)Texten

144 Seiten

Bestell-Nr. 0642-4

Aus dem Inhalt:
I. Der Textbegriff.
II. Eine Typologie von Gebrauchstexten.
III. Bedingungen der Textanalyse.
IV. Methoden der Textanalyse: Textwiedergabe - Text beschreibung - Texterörterung.
V. Beispiele für Textanalysen: Darstellende Texte (Sachtexte/Wissenschaftliche Texte) - Werbende Texte (Werbetexte/Politische Reden) - Gesetzestexte.

Gebrauchstextanalysen

-Methoden und Beispiele-

2. Auflage, 80 Seiten

Bestell-Nr. 0588-6

Herausgegeben von einem Arbeitskreis der Pädagogischen Akademie Zams.

Aus dem Inhalt:
I. Warum Textuntersuchung? Begriffserklärungen
II. Textanalyse - Textkritik
Vorgestellt werden nur drei Möglichkeiten einer Analyse:
a) Kommunikationstheoretischer Aspekt
b) stilistischer Aspekt
c) soziologischer Aspekt
III. Gebrauchstexte verschiedener Art, die auf o.a. Aspekte hin untersucht, bzw. kritisiert wurden.

Ordnung der Texte nach Themenkreisen:
Werbetexte - Ferienprospekte - Kinoprogramme - Diverse Jugendzeitschriften (Bravo u.a.) - Illustrierte und Frauenzeitschriften (Frau im Spiegel u.a.) - Schullesebücher: Politische Beiträge/Kulturelle Beiträge - Literarische Texte.

Robert Hippe

Mündliche und schriftliche Kommunikation

2. Aufl., 104 Seiten

Bestell-Nr. 0563-0

Sprache - Sprache und Verständigung
Grundbegriffe der Kommunikation - Die drei Dimensionen des Zeichens - Verschiedene Arten von Zeichen - Sprache und Norm
Die Rede - Formen der Rede - Rhetorische Figuren - Analyse vorgegebener Reden - Redeanleitungen, - analysen und - sammlungen - Der Weg zur eigenen Rede - Exkurs 1: Kodierungsebenen - Exkurs 2: Die Sprache der Werbung als appellative Rede
Das Referat - Verfahrensschritte - Beurteilungskriterien - Geeignete Stoffe zur Auswahl
Die Diskussion - Analyse einer vorgegebenen Diskussion - Hinweise auf Vorbereitung, Durchführung und Zielsetzung einer Diskussion - Der Diskussionsbeitrag im sogenannten "Fünfsatz" - Die Debatte - Bericht(erstattung), Kolloquium, Vorlesung
Das Protokoll - Die Arten des Protokolls - Kriterien für die Beurteilung von Stundenprotokollen - Analyse von Protokollen
Die Inhaltsangabe - Merksätze zur Abfassung - Verfahrensschritte - Analyse von Inhaltsangaben - Geeignete Stoffe zur Auswahl
Die Erörterung - Merksätze zur Abfassung - Analyse von Erörterungen - Geeignete Stoffe zur Auswahl.

Robert Hippe

Umgang mit Literatur

2. Auflage, 116 Seiten

Bestell-Nr. 0564-9

Definition von Literatur - Grundformen von Literatur - Merkmale der Lyrik - Merkmale der Epik - Merkmale der Dramatik - Formprobleme der Literatur - Aufbauprobleme in der Literatur - Arten der Interpretation - Was ist Interpretation - Literatur und Wirklichkeit u.v.a.

Robert Hippe

Sprach- und Textbetrachtungen

132 Seiten

Bestell-Nr. 0569-X

Sprachbetrachtungen

Historisch - Theorien über die Entstehung der Sprache(n) - Die indogermanische (idg.) Sprachfamilie - Die geschichtliche Entwicklung des Hochdeutschen - Lehn- und Fremdwörter - Sprachrätsel und Sprachspiele - Auswahl-Bibliographie.
Systematisch - Grammatik - die traditionelle Grammatik - Die generative Transformationsgrammatik - Die strukturelle Grammatik.

Textbetrachtung

Allgemeines - Definition von Text - Textsorten - Beispiele - Übungen - Auflösung der Rätsel.

Robert Hippe

Textanalysen

mit Aufgaben und Übungen
3. Aufl., 120 Seiten

Bestell-Nr. 0586-X

Einleitung: Über Text, Textbeschreibung und Textanalyse
I. Fiktionale (literarische) Texte
Lyrik
(Barock, Sturm und Drang, Klassik, Romantik, Realismus, Expressionismus, Hofmannsthal und Rilke, Lyrik nach 1945, Motivgleiche Gedichte). Jeweils an Beispielen erklärt.
Epik
(Roman, Novelle, Märchen, Fabel, Kurzgeschichte, Sonderform des Essays)
Dramatik
II . Unterhaltungs- und Trivialliteratur
III. Nicht fiktionale (nicht literarische) Texte
Werbetexte - Gesetzestexte - Kochrezepte - Redetext (rhetorischer Text)

Robert Hippe

Kurzgefaßte deutsche Grammatik und Zeichensetzung

9. Auflage, 72 Seiten

Bestell-Nr. 0515-0

Ein Abriß der deutschen Grammatik systematisch und fundamental dargeboten; beginnend mit den Wortarten, Betrachtung der Satzteile und Nebensätze bis zu den Satzzeichen, Beispiele durchsetzen das Ganze und Lösungen sollen Fehler auffinden helfen. Ein nützliches in Tausenden von Exemplaren bewährtes Übungs- und Nachhilfebuch.

Robert Hippe

Interpretationen zu 62 ausgewählten motivgleichen Gedichten

mit vollständigen Gedichtstexten
6. Auflage, 120 Seiten

Bestell-Nr. 0587-7

Der Verfasser hat die wiedergegebenen Interpretationen und Auslegungen in langen Gesprächen und Diskussionen mit Oberprimanern erarbeitet. Die hier angebotenen Deutungsversuche erheben keinen Anspruch auf die einzig möglichen oder richtigen, sondern sollen Ausgangspunkte für Weiterentwicklungen und Erarbeitungen sein.
Aus dem Inhalt: Themen wie Frühling - Herbst - Abend und Nacht - Brunnen - Liebe - Tod - Dichtung u.v.a.

Robert Hippe

Interpretationen zu 50 modernen Gedichten

mit vollständigen Gedichtstexten
4. Auflage, 136 Seiten

Bestell-Nr. 0597-5

Der vorliegende Band verspricht Interpretationshilfe und Deutungsversuche - in unterschiedlicher Dichte und Ausführlichkeit - für 50 moderne Gedichte. Materialien und Auswahlbibliographie geben den Interessenten Hilfen für den Deutsch- und Literaturunterricht. Für den Lehrer eine echte Bereicherung zur Vorbereitung des Unterrichts.

Aus dem Inhalt: Lasker-Schüler - Hesse - Carossa - Benn - Britting - Brecht - Eich - Kaschnitz - Huchel - Kästner - Bachmann - Piontek - Celan - Härtling - Reinig - Grass - Enzensberger u.v.a.

Robert Hippe

Kurzgefaßte deutsche Rechtschreiblehre

64 Seiten

Bestell-Nr. 0519-3

Anleitungen - Ausarbeitungen - Gliederungen - Themenvorschläge u.v.a.
jeweils mit Lösungsschlüssel

A. Unterstufe
Erlebnisschilderung oder -erzählung
Vorgangsschilderung oder -erzählung
Die Nacherzählung, die Erklärung oder Arbeitsanweisung, Vorgangsbericht oder Beschreibung, Inhaltsangabe

B. Mittelstufe
Die Schilderung, Stimmungsbild, Charakteristik, Bericht und Inhaltsangabe, sachliches Schreiben, Facharbeit, Erörterung u.a.

Interpretationen motivgleicher Gedichte in Themengruppen

mit vollständigen Gedichtstexten

Band 1:
Edgar Neis

Der Mond in der deutschen Lyrik

80 Seiten

Bestell-Nr. 0620-3

Arp - Bischoff - Borchert - Boretto - Britting - Brokkes - Bürger - Claudius - Däubler - Droste-Hülshoff - Geibel - Gleim - Goethe - Härtling - Heine - Holz - Klopstock - Krähenbühl - Krolow - Lange - Lehmann - Leonhard - Lichtenstein - zur Linde - Maurer - Morgenstern - Rasche - Rühmkorf - v. Stollberg - Trakl - v.d. Vring - Werfel - Wiens.

Band 2:
Edgar Neis

Politische-soziale Zeitgedichte

2. Auflage, 112 Seiten

Bestell-Nr. 0621-1
Bachmann - Biermann - Brecht - Bürger - Celan - Dehmel - Domin - Enzensberger - Le Fort - Freiligrath - Gryphius - Hädecke - Hagelstange - Heine - Herwegh - Keller - Kerr - Logau - Marti - Platen - Sabias - Salis - Schenkendorf - Schiller - Schreiber - Schubart - Tucholsky - W.v.d. Vogelweide - Weitbrecht - Wildenbruch.

Band 3:
Edgar Neis

Der Krieg im deutschen Gedicht

2. Auflage, 112 Seiten

Bestell-Nr. 0622-X

Bender - Benn - Biermann - Binding - Brambach - Brecht - Claudius - Dehmel - Eich - Flex - Le Fort - Fried - Gleim - Goethe - Hakel - Heise - Heym - Hölderlin - Höllerer - Huchel - Jahn - Jean Paul - Kaschnitz - Kästner - Körner - Leib - Lersch - Leonhard - Liliencron - Logau - Menzel - Mosen- Mühsam - Münchhausen - Neumann - Nick - W. Paul - Sachs - Schiller - Schnurre - Schuhmann - Stramm - Toller - Toussel - Trakl - Tumler - Vogel - Wiechert.

Band 4:
Robert Hippe

Die Liebe im deutschen Gedicht

2. Auflage, 80 Seiten

Bestell-Nr. 0623-8

Benn - Brecht - Eichendorff - George - Gleim - Goethe - Günther - Hesse - Hofmannsthal - Jacobi - Kästner - Krolow - Lasker-Schüler - Lenau - Liliencron - C.F. Meyer - H.v. Mohrungen - Mörike - Münchhausen - Opitz - Reinig - Rilke - Storm - Stramm - W.v.d. Vogelweide - Weckherlin.

Band 5:
Robert Hippe

Der Tod im deutschen Gedicht

2. Auflage, 80 Seiten

Bestell-Nr. 0624-6

Bächler - Benn - Brecht - Celan - Claudius - Droste-Hülshoff - Eich - Goethe - Gryphius - Hesse - Heym - Hofmannsthal - Hofmannswaldau - Höllerer - Kaltneker - Keller - Klopstock - C.F. Meyer - Mörike - Nick - Nietzsche - Novalis - Rilke - Schiller - Storm - Stramm - Trakl - Uhland.

Band 6:
Robert Hippe

Die Jahreszeiten im deutschen Gedicht

2. Auflage, 80 Seiten

Bestell-Nr. 0625-4

Benn - Britting - Claudius - George - Gerhardt - Goes - Goethe - Hagedorn - Heine - Hebbel - Hesse - Hofmannsthal - Hölderlin - Hölty - Huchel - Lenau - Logau - C.F. Meyer - Mörike - Rilke - Stadler - Storm - Trakl - Uhland - W.v.d. Vogelweide.

Band 7:
Robert Hippe

Deutsche politische Gedichte

2. Auflage 68 Seiten

Bestell-Nr. 0626-2

Baumann - Biermann - Becher - Below - Brecht - Delius - Enzensberger - Fried - Fürnberg - Gomringer - Grass - Heine - Hoffmann v. Fallersleben - Holzapfel - Karsunke - Kunert - Luckhardt - Morawietz - Pottier - Radin - v. Saar - Scherchen - Schneckenburger - U. Schmidt - Schuhmann- Vesper - Walraff - Weinheber - Wessel - Zimmerling.

Band 8:

Edgar Neis

Die Welt der Arbeit im deutschen Gedicht

100 Seiten

Bestell-Nr. 0627-0

Barthel - Bartock - Billinger - Brambach - Bröger - Chamisso - Dehmel - Dortu - Engelke - Freiligrath - Grisar - Heine - Herwegh - Jünger - Krille - Lersch - Lessen - Naumann - Petzold - Pfau - Piontek - Rilke - Schreiber - Seidel - Weerth - Weinheber - Wieprecht - Winckler - Zech.

Band 9:

Edgar Neis

Deutsche Tiergedichte

136 Seiten

Bestell-Nr. 0628-9

Barth - Bergengruen - Billinger - Boretto - Brecht - Britting - Busch - Claes - Dauthendey - Dehmel - Domin - Droste-Hülshoff - Eggebrecht - Eich - Freiligrath - Gellert - Gleim - Goethe - Grillparzer - Groth - Härtling - Hagedorn - Haushofer - Hausmann - Hebbel - Heine - Hesse - Huchel - F.G. Jünger - W. Lehmann - Liliencron - A.G. Kästner - Keller - Kolmar - Krolow - C.F. Meyer - Morgenstern - Pfeffel - Piontek - Rilke - Ringelnatz - Eugen Roth - N. Sachs - Schaefer - Trakl - Vring - Weinheber - Wiedner - Zachariae - Zuckmayer.

Band 10:

Edgar Neis

Städte und Landschaften im deutschen Gedicht

168 Seiten

Bestell-Nr. 0629-7

Teil I: Borchert – Sidow – Guesmer – Rilke – Grass – Le Fort – Karsunke – Aue – Zeller – Loerke – Fontane – Eich – Bleisch – Körner – Hauptmann – Bobrowski – Stadler – Goll – Reinfrank – Kunze – Zech – Becker – v. Droste-Hülshoff – Busta – Heine – Altenbernd – Wiedner – Stoltze – Kaschnitz – Hannsmann – Schnack – Hölderlin – Barthel – Mörike – Britting – George – Roth.

Teil II: Fontane – Heise – Kalkreuth – Zweig – Rilke – Rheiner – Goll – Salus – Brecht – Bachmann – Lehmann – Wagner – Benn – Schneider – v. Platen – Huchel – Hesse – Krtappen – Kaschnitz – Celan – Britting – Kasack – Kraus – Boretto – Schaefer – Bachmann – v. d. Vring.

Interpretationen zeitgenössicher Kurzgeschichten

Edgar Neis

5. Auflage, 80 Seiten

Bestell-Nr. 0600-9

Band 1: Aichinger, Puppe - Bender, Schafsblut - Bergengruen, Fahrt des Herrn von Ringen - Böll, Ungezählte Geliebte - Brecht, Unwürdige Greisin - Britting, Märchen vom dicken Liebhaber - Ernst, Förster und Wilddieb - Le Fort, Turm der Beständigkeit - Hochhuth, Berliner Antigone - Hofmannsthal, Lucidor - Kafka, Ehepaar - Kaschnitz, Das dicke Kind / Schneeschmelze - Kühner, Es gibt doch noch Wunder - Malecha, Probe - Risse, Gottesurteil - O. Schaefer, Frühe Vision - W. Schäfer, Mozarts Begräbnis - Schnabel, Hundert Stunden vor Bangkok / Sie sehen den Marmor nicht.

Robert Hippe

5. Auflage, 80 Seiten

Bestell-Nr. 0601-7

Band 2: Andres, Trockendock - Benn, Gehirne - Bergengruen, Arzt von Weißenhasel / Legende von den zwei Worten - Böll, Bahnhof von Zimpren / Besenbinder / Erinnerungen eines jungen Königs / So ein Rummel - Brecht, Augsburger Kreidekreis - Döblin, Ermordung einer Butterblume - Dürrenmatt, Tunnel - Eich, Stelzengänger - Franck, Das verstandene Gedicht - Gaiser, Ein Mensch, den ich erlegt habe - Hampel, Das mit dem Mais - Hildesheimer, Eine größere Anschaffung - Kafka, Kübelreiter / Sorge des Hausvaters - Kasack, Mechanischer Doppelgänger - Langgässer, Die getreue Antigone / Untergetaucht - Musil, Portugiesin - Risse, Verkehrsunfall - Schnurre, Ein Fall für Herrn Schmidt.

Karl Brinkmann

4. Auflage, 80 Seiten

Bestell-Nr. 0602-5

Band 3: Aichinger, Plakat - Alverdes, Die dritte Kerze - Böll, Damals in Odessa / Mann mit den Messern / Lohengrins Tod / Wanderer kommst du nach Spa ... - Borchert, Die lange, lange Straße lang / Generation ohne Abschied / Lesebuchgeschichten - Eisenreich, Ein Augenblick der Liebe - Gaiser, Brand im Weinberg / Du sollst nicht stehlen - Langgässer, Die zweite Dido / Glück haben - Lenz, Jäger des Spottes - Schnurre, Die Tat - Spang, Seine große Chance - Spervogel, Hechtkönig - Wiechert, Hauptmann v. Kapernaum / Hirtenknabe.

Martin Pfeifer

4. Auflage, 84 Seiten

Bestell-Nr. 0603-3

Band 4: Aichinger, Hauslehrer / Nichts und das Boot - Bender, Die Wölfe kommen zurück - Böll, Über die Brücke / Es wird etwas geschehen - Brecht, Mantel des Ketzers - Britting, Brudermord im Altwasser - Eich, Züge im Nebel - Ernst, Das zweite Gesicht - Fallada, Lieber Hoppepoppel - Franck, Taliter - Hesse, Beichtvater / Bettler - Johnson, Jonas zum Beispiel - Kusenberg, Eine ernste Geschichte - Langgässer, Saisonbeginn - Le Fort, Frau des Pilatus - Meckauer, Bergschmiede - Pohl, Yannis letzter Schwur - Rinser, David - Schäfer, Hirtenknabe - Schallück, Der Tod hat Verspätung - v. Scholz, Das Inwendige - Walser, Ein schöner Sieg - Weisenborn, Aussage.

Edgar Neis

3. Auflage, 56 Seiten

Bestell-Nr. 0604-1

Band 5: Borges, Das geheime Wunder - Calderón, Invasion - Callaghan, ein sauberes Hemd - Campos, Solidarität - Carson, Ein Mädchen aus Barcelona - Hemingway, Die Killer - Huxley, Schminke - Joyce, Eveline - Katajew, Die Messer - Mansfield, Für sechs Pence Erziehung - Manzoni, Die Repräsentiertasse - Olescha, Aldebaran - Saroyan, Vom Onkel des Barbiers, dem von einem Zirkustiger der Kopf abgebissen wurde - Sarte, Die Mauer - Timmermans, Die Maske.

Karl Brinkmann

3. Auflage, 80 Seiten

Bestell-Nr. 0605-X

Band 6: Andersch, Sehnsucht nach Sansibar - Böll, Wie in schlechten Romanen /Undines gewaltiger Vater - Gaiser, Das Wespennest / Fünfunddreißig Meter Tüll / Der Motorradunfall - Grass, Der Ritterkreuzträger - Hildesheimer, Nächtliche Anrufe - Holthaus, Geschichten aus der Zachurei / Allgemeines / Wo liegt Zachzarch / Das Wirtshaus Zum Vollautomatischen Bären - Lenz, Masurische Geschichte / Der Leseteufel / So schön war mein Markt / Der große Wildenberg - Kramp, Was der Mensch wert ist - Reding, Die Bulldozer kamen / Während des Films / Jerry lacht in Harlem / Fahrerflucht - Schnurre, Wovon der Mensch lebt - Walser, Die Artikel, die ich vertrete.

Rudolf Kanzler

64 Seiten

Bestell-Nr. 0606-8

Band 7: Aichinger, Die Silbermünze - Altendorf, Der Knecht Persenning - Andersch, Ein Auftrag für Lord Glouster - Bauer, Hole deinen Bruder an den Tisch - Britting, Der Gang durchs Gewitter - Dörfler, Der Kriegsblinde - Hesse, Das Nachtpfauenauge - Hildesheimer, Der Urlaub - Kaschnitz, Gespenster - Lenz, Die Nacht im Hotel - Th. Mann, Das Eisenbahnunglück - Noack, Die Wand - Ohrtmann, Der Sched ist wieder da - Rinser, Der fremde Knabe - Schallück, Unser Eduard - Wiechert, Mein erster Adler.

Edgar Neis

80 Seiten

Bestell-Nr. 0607-6

Band 8: Andersch, Grausiges Erlebnis - Bachmann, Alles - Bender, In der Gondel / Fondue - Bichsel, Tochter - Bobrowski, Epitaph für Pinnau - Bolliger, Verwundbare Kindheit - Brecht, Wiedersehen - Eisenreich, Der Weg hinaus - Fritz, Schweigen vieler Jahre - Fühmann, Judenauto / Schöpfung - Gaiser, Gazelle grün - Heissenbüttel, Wassermaler - Kaschnitz, Das rote Netz - Kunert, Fahrt mit der S-Bahn - Nossack, Das Mal - Reinig, Drei Schiffe - A. Schmidt, Resümee - Walser, Tänzer / Knabe - Wohmann, Ich Sperber / Der Schwan / Knurrhahn-Stil.

Robert Hippe

72 Seiten

Bestell-Nr. 0608-4

Band 9: Aichinger, Fenster-Theater - Bichsel, Holzwolle - Brecht, Vier Männer und ein Pokerspiel - Frank, Die Monduhr - Fuchs, Gedankenaustausch - Geißler, Kalte Zeiten III - Heckmann, Die Wohltaten des Löffels / Das Henkersmahl - Holthaus, Warhaftige Geschichte von der Spazierfahrt - Kaschnitz, Popp und Mingel / Christine - Klose, Am roten Forst - Kunert, Andromeda zur Unzeit - Lenz, Die große Konferenz - Magiera, In den Sand geschrieben - Marti, Neapel sehen - Mechtel, Ein kleiner Tag - Nossack, Helios GmbH - Novak, Schlittenfahren - Weissenborn, Die Stimme des Herrn Gasenzer / Die Sache mit Dad - Wohmann, Denk immer an heut nachmittag - Weyrauch, Mit dem Kopf durch die Wand - Wohmann, Die Klavierstunde - Zeller, Der Tumbau.

Edgar Neis

80 Seiten

Bestell-Nr. 0609-2

Band 10: Bernhard, Die Mütze - Bichsel, San Salvador / Ein Tisch - Bobrowski, Lipmanns Leib - Brecht, Das Experiment - Brückner, Lewan / Schwierigkeiten beim Ausfüllen eines Meldezettels / Ein Pferd ist ein Pferd - Dürrenmatt, A's Sturz - Gaiser, Fällung eines Teichs - Hildesheimer, Nachtigall - F.G. Jünger, Urlaub - Kaschnitz, Eisbären - Koeppen, Baseballspieler - Kunert, Zirkuswesen - Musil, Das Fliegenpapier - Novak, Abgefertigt - Reinig, Skorpion - A. Schmidt, Sommermeteor - Weyrauch, Beginn einer Rache.

Wolfgang Kopplin

Kontrapunkte

160 Seiten

Bestell-Nr. 0547-9

Kontroversinterpretationen zur modernen deutschsprachigen Kurzprosa.
Prosatexte, zwischen 1963 und 1975 entstanden, dienen dem Autor dazu, die dialektische Methode des Pro und Kontra als Interpretationsansatz anzuwenden. Dem Primärtext schließen sich jeweils die Kontroversinterpretationen an. Ein Buch, welches Anregungen zum Verstehen und zur Entschlüsselung von Texten gibt.
Inhalt: Texte von Artmann - Bichsel - Dellin - Gerz - Gregor - Kunert - Reinig - Schnurre u.a. werden in einer Pro- und Kontra-Interpretation vorgestellt.

Albert Lehmann

Erörterungen

Gliederungen und Materialen
Methoden und Beispiele

3. verb. Auflage, 168 Seiten

Bestell-Nr. 0476-6

Die vorliegende Sammlung von 58 Gliederungen, die durch Erläuterungen - vornehmlich Beispiele - zu den einzelnen Gliederungspunkten erweitert sind, sollen die Wiederholung des Jahresstoffes erleichtern.
Stoffkreisthemen: Natur - Tourismus - Technik - Freizeit - Arbeit/Beruf - Konflikte zwischen den Generationen - Drogen - Kinder und Familie - Die Stellung der Frau in der Gesellschaft - Sport - Massenmedien und viele Einzelthemen.

Für Lehrer ein unentbehrliches Nachschlage- und Vorbereitungsbuch.

Birgit Lermen /

Matthias Loewen

Trickfilm als didaktische Aufgabe

Band 1: Sekundarstufe I
232 Seiten - Fotos
Bestell-Nr. 0618-1

Band 2: Sekundarstufe II
Bestell-Nr. 0619-X
216 Seiten - Fotos

Die Untersuchung über den Trickfilm als didaktische Aufgabe trägt der unterschiedlichen Ausgangslage in den beiden Stufen des Sekundarunterrichts Rechnung durch die Aufteilung in zwei Bände.

Band 1 stellt sich gezielt auf die Bedürfnisse und Erwartungen der Sekundarstufe I ein. Aus der Eigenart des Mediums Trickfilm wird ein Analyse-Instrumentarium entwickelt, dessen Brauchbarkeit an 13 Filmen unterschiedlicher Herkunft erprobt wird. Auf der damit geschaffenen Grundlage wird ein didaktisch-methodisches Konzept erstellt.

Band 2 orientiert sich an den Bedürfnissen der Sekundarstufe II. Eine semiotische Einführung erweitert und vertieft die in Band I erstellte Grundlage. Im Mittelpunkt stehen wieder die Einzelanalysen, deren Zahl des größeren Umfangs wegen auf zwölf reduziert ist.
Wie in Band I soll beides - Analysen und Einführung - als Basis dienen für didaktische Fragestellungen und Entscheidungen.
Die Auswahl der Filme wurde in beiden Bänden bestimmt durch:

a) das Ausleihangebot der Stadt und Kreisbildstellen in der Bundesrepublik,
b) die ästhetische Qualität,
c) die thematische Relevanz,
d) die didaktische Potenz.

Martin H. Ludwig

Das Referat

Kurze Anleitung zu einer Erarbeitung und Abfassung für Schüler und Studenten.

Bestell-Nr. 0646-7

Planen und Sammeln - Bibliographieren - Schreiben und Zitieren - Lesen und Notieren - Auswerten und Gliedern - Der Text - Der Vortrag.

Martin H. Ludwig

Praktische Rhetorik

Reden - Argumentieren - Erfolgreich verhandeln

Grafiken - 136 Seiten

Bestell.-Nr. 0688-2

Praktische Rhetorik ist ein Übungsfeld für jedermann! Ob bei der Sammlung von Gedanken, bei der Konzentration der Argumente, bei der Gestaltung einer Rede, in der Rücksichtnahme auf den Verhandlungspartner, bei der Vorsicht vor „gefährlichen" Redewendungen.

Aus dem Inhalt: Formale Rhetorik - Dekorative Rhetorik - Verwendung von Argumenten in der Verhandlung - Psychologie in der Verhandlung - Einzelne Techniken zur Durchsetzung von Anliegen - Positive Verhandlungstechniken - Wie wehre ich mich gegen ...? - Typische Verhandlungssituation - Wann sind welche Techniken angebracht?

Methoden und Beispiele der Kurzgeschichten Interpretation

3. Auflage, 64 Seiten

Bestell-Nr. 0585-1

Herausgegeben und erstellt von einem Arbeitskreis der Pädagog. Akademie Zams.

Methoden: Werkimmanente, existenzialistische, grammatische, stilistische, strukturelle, kommunikative, soziologische, geistesgeschichtliche, historisch/biographisch/symbolistische Methode.

Beispiele: Eisenreich - Cortázar - Dürrenmatt - Brecht - Horvath - Bichsel - Kaschnitz - Lenz - Weißenborn - Rinser - Borchert - Nöstlinger - Wölfel - Langgässer.

An Beispielen ausgewählter Kurzgeschichten werden die einzelnen Methoden der Interpretation demonstriert und erläutert. Information und Nachschlagewerk für den Unterricht in den Sekundarstufen.

Edgar Neis

Das neue große Aufsatzbuch

-Methoden und Beispiele des Aufsatzunterrichts für die Sekundarstufen I und II -

212 Seiten - 5. Auflage

Bestell-Nr. 0636-X

Inhalt:
Zur Technik des Aufsatzschreibens - Stoffsammlung und Disposition - Wie schreibe ich eine Charakteristik? - Wie schreibe ich eine Erörterung? - Der dialektische Besinnungsaufsatz - Themen und Aufsätze zu Problemen unserer Zeit - Aufsätze zur Literatur - Wege der Texterschließung - Interpretationshinweise - Fachbegriffe der Aufsatzlehre (Lexikon der Terminologien) - Vorschläge für Aufsatzthemen - Themenkatalog für das Ende des 20. Jahrhunderts - Literaturnachweis.
Dieses Buch richtet sich an Lehrer und Schüler von Haupt-, Real- und Oberschulen (Gymnasien).
Breit einsetzbar in Grund- und Leistungskursen.

Edgar Neis

Deutsche Diktatstoffe -Unterstufe-

3. bis 7. Jahrgangsstufe
6. Auflage, 64 Seiten

Bestell-Nr. 0524-X

Edgar Neis

Moderne deutsche Diktatstoffe

-Sekundarstufe I-

5.-10. Jahrgangstufe

Bestell-Nr. 0693-9

Beide Bände sollen der Einübung und Wiederholung der Rechtschreibung und Zeichensetzung dienen. Jeder Band gliedert sich in zwei Teile, einen systematischen Teil, der zielbewußter Einübung von Wörtern, deren Schreibung Schwierigkeiten bereitet, dient und einen allgemeinen Teil. Dieser bringt zusammenhängende Diktatstoffe aus dem deutschen Schrifttum. Die Namen der Verfasser bürgen für die Stilhöhe der einzelnen Texte.

Edgar Neis

Interpretationen von 66 Balladen, Erzählgedichten und Moritaten

Analysen und Kommentare
5. Auflage, 176 Seiten

Bestell-Nr. 0590-8

Balladen des 18., 19. und 20. Jahrhunderts werden in diesem für Lehrer, Studenten und Schüler bestimmten Band ausführlich interpretiert und durch Erklärungen Verständnis für diese Art Dichtung geweckt. Eine unentbehrliche Hilfe für den Deutsch- und Literaturunterricht.

Aus dem Inhalt: Bürger - Herder - Goethe - Schiller - Uhland - Eichendorff - Heine - Droste-Hülshoff- Miegel - Brecht - Huchel - Celan - Chr. Reinig - Kunert u.v.a.

Edgar Neis

Interpretationen motivgleicher Werke der Weltliteratur

2. Auflage, je 144 Seiten

Dramatische, epische und lyrische Gestaltung der bekanntesten Stoffe der Weltliteratur werden mit knappen Inhaltsangaben vorgestellt und miteinander vergleichend interpretiert.

Band 1:
Mythische Gestalten **Bestell-Nr. 0548-7**

Alkestis - Antigone - Die Atriden (Elektra / Orest) - Iphigenie - Medea - Phädra

Band 2:
Historische Gestalten **Bestell-Nr. 0549-5**

Julius Caesar - Coriolan - Der arme Heinrich - Die Nibelungen - Romeo und Julia - Jeanne d'Arc / Die Jungfrau v. Orleans - Johann Joachim Winckelmann

Edgar Neis

Verbessere Deinen Stil

2. Auflage, 120 Seiten

Bestell-Nr. 0539-8

Der Autor versucht im vorliegenden Band vom grundlegenden Schema über Wortwahl und Satzgestaltung den Interessierten zu einer guten Ausdrucksform zu führen. Stil ist erlernbar, deshalb wurden im 2. Teil viele künstlerisch gestaltete, stilvolle Beispiele wiedergegeben.

Edgar Neis

Wie interpretiere ich ein Drama?

Methoden und Beispiele
2. Auflage - 224 Seiten

Bestell-Nr. 0633-8

Erstbegegnungen mit dramatischen Formen - Methode des Interpretierens - Wege zur Erschließung und Analyse eines Dramas.

Arbeit im Detail: Titel, Personen, Handlung, Aufbau, Sprache, Realisation, Bühnengestaltung, Regieanweisungen, sozio-kulturelle und historische Einordnung usw.

Modelinterpretationen - Zur Theorie des Dramas - Literaturverzeichnis.

Interessenten: Lehrer und Schüler aller Schulgattungen.

Edgar Neis

Wie interpretiere ich Gedichte und Kurzgeschichten?

13. Auflage, 208 Seiten

Bestell-Nr. 0530-3

Ein "Grundkurs", die Kunst der Interpretation zu erlernen und zu verstehen. Die tabellarischen Leitlinien führen den Benutzer des Buches zum Verständnis für diese Gattung der Poesie. Anhand von zahlreichen durchgeführten Interpretationen ist dieses Buch ein unentbehrliches Hilfsmittel für Schüler und Lehrer.

Reiner Poppe

Aufsätze im Deutschunterricht der Sekundarstufe I

Themen - Techniken - Beispiele

ca. 144 Seiten

Bestell-Nr. 0464-2

Das Aufsatzbuch ist für Schüler und Schülerinnen der Sekundarstufe I verfaßt. Es setzt Materialien und Techniken, Beispiele und vermittelnde Information ein, um den Schüler zum Verfassen eigener Texte **methodisch** anzuleiten. Die im Kapitel 4 vorgetragenen Beispiele erfassen in **kommunikativen Anwendungssituationen** die wichtigsten Textsorten:
Erzählbericht - Bericht - Beschreibung - Erörterung - (dialektischer) Besinnungsaufsatz - Interpretation. Der Schwerpunkt liegt dabei auf **alltagsrelevanten, pragmatischen Varianten** dieser Grundformen (Brief, Klappentext, Bedienungsanleitung, Sachtext, Inhaltsskizze, Leserbrief etc.)

Gliederung: Aufsatzformen nach Jahrgangsstufen geordnet/'richtlinienkonform' - Themen zum Üben - Techniken-Hilfsmittel, Beispiele (exemplarisch) - Glossar - Literaturhinweise.

Reiner Poppe

Rechtschreibsicherung

Texte und Übungen für die Klassen 5 und 6

196 Seiten

Bestell-Nr. 0595-9

Zum Selbstunterricht mit Hinweisen zur Handhabung sowie didaktischen und methodischen Anleitungen für Unterrichtende.
Zu ausgewählten Rechtschreibschwierigkeiten wurden **Texte mit vielgestaltigen Übungen** in Einzelkapiteln zusammengefaßt. Jede Textgruppe ist mit einer knappen **Zusammenfassung** des voraufgegangenen Lernstoffes sowie **Erprobungsdiktaten** abgeschlossen. Testdiktate beschließen den Übungsteil. Es wurde besonders darauf geachtet, daß der Lernende Schwierigkeiten bewußt erfährt, **Lösungswege** und **Hilfen eigenständig** formuliert und **systematisch** üben kann.

Klaus Sczyrba

50 Kurzdiktate

für die 4. - 7. Klasse
mit 250 Übungsmöglichkeiten

116 Seiten + Lösungsheft

Bestell.-Nr. 0477-4

Der bekannte Autor Klaus Sczyrba bringt wieder eigene Diktate für rechtschreibschwache Schüler und Schülerinnen zum häuslichen Arbeiten.

Für die Hand des Lehrers als Kurztest-Übungen im Unterricht bestens geeignet. Der Autor hat selbst im Unterricht erfolgreich damit gearbeitet.

Klaus Sczyrba

Komm, wir schreiben!

Rechtschreibübungsheft für das 2. und 3. Schuljahr

Format: DIN A4 - 40 farbige Illustrationen
2. Auflage - 36 Seiten

Bestell-Nr. 0614-9

Freude ist der Motor zum Erfolg. Nach diesem Grundsatz will der Autor den Kindern durch die lustbetonte, sehr abwechslungsreiche Art dieses Heftes den Weg zu Rechtschreibsicherung leicht machen. In frohem Tun werden fast unauffällig fundamentale Kenntnisse der Rechtschreibung angeeignet, ohne daß die Kinder dabei den Eindruck des Übens haben.

Klaus Sczyrba

Komm, wir schreiben!

Rechtschreibübungsheft für das 3. und 4. Schuljahr

Format: DIN A4 - 60 farbige Illustrationen
60 Seiten

Bestell-Nr. 0616-5

Alle Übungen für die Kinder des 3. und 4. Schuljahres sind so angelegt, daß sie mit Freude durchgeführt werden. Sie enthalten kurzweilige Aufgaben, Reime und Rätsel. Die Richtigkeit der Lösungen kann leicht selbst überprüft werden.
Üben ist für Kinder oft freudlos und langweilig. Bei diesem Heft spüren sie aber nicht, daß "nur geübt" wird. In froher, zielstrebiger Arbeit wird fast unbewußt die Rechtschreibfertigkeit gesteigert.

Klaus Sczyrba

Lebensnahe Diktate

für die Grundschule mit angeliederten Übungsmöglichkeiten für das **2. bis 4 Schuljahr**
3. Auflage - 152 Seiten + Lösungsheft

Bestell-Nr. 0610-6

Dieses Übungsbuch ist aus der Erfahrung langjähriger Schularbeit entstanden und soll den Kindern vom 2. bis 4. Schuljahr helfen, ihre Rechtschreibleistungen zu verbessern.
Dazu werden 150 Diktate geboten, die in Ausmaß und Schwierigkeitsgrad dem Alter der Kinder entsprechen.
Zur vertiefenden Behandlung aller Rechtschreibbereiche sind jedem Diktat eine Reihe Übungsmöglichkeiten beigefügt.

Klaus Sczyrba

Moderne Aufsatzerziehung für das 5. - 7. Schuljahr

ca. 144 Seiten

Bestell-Nr. 0472-3

Diese ganz auf die Schulpraxis bezogene Büchlein bietet Hilfen und Anregungen für das Schreiben von Nacherzählungen, Erlebnisaufsätzen, Phantasiegeschichten, Beschreibungen, Schilderungen und Berichten. Außerdem enthält es Übungen zur Grammatik, zur Rechtschreibung und Ausdrucksverbesserung.

Ein weiteres Buch von unserem Erfolgsautor Klaus Sczyrba.

Klaus Scyrba

Neue lebensnahe Diktate

mit zahlreichen Übungsmöglichkeiten für das **2. bis 10. Schuljahr**

2. Auflage - 312 Seiten

Bestell-Nr. 0611-4

Wie in den früheren Ausgaben diese Buches werden hier wieder über 200 Diktate geboten, die in Ausmaß und Schwierigkeitsgrad dem Alter des Kindes entsprechen.

Klaus Sczyrba

Lebensnahe Dikate

mit zahlreichen Übungsmöglicheiten für das **5. bis 7. Schuljahr** + Lösungsheft

2. Auflage - 240 Seiten

Bestell-Nr. 0613-0

In diesem Übungsbuch werden 150 Diktate geboten, die Kindern des 5. bis 7. Schuljahres helfen sollen, ihre Rechtschreibkenntnisse zu verbessern.
Zur vertiefenden Behandlung aller Rechtschreibbereiche ist jedem Diktat eine Reihe Übungsmöglichkeiten beigefügt.

Klaus Sczyrba

Lebensnahe Diktate

100 Diktattexte mit 600 Lösungsmöglichkeiten für das **8. bis 10. Schuljahr**

210 Seiten + Lösungsheft

Bestell-Nr. 0471-5

Das Buch will mit seinen Diktaten und Übungen zum richtigen Gebrauch unserer Sprache beitragen. Die Diktate sind nicht nur nach Rechtschreibschwierigkeiten oder zur Anwendung einer Regel konstruiert, sondern sind auf die Bedürfnisse von Zeit und Umwelt abgestimmt.
Übungsmöglichkeiten mit Lösungen machen dieses Buch für häusliches Arbeiten und für den Unterrichtsgebrauch gleichermaßen unentbehrlich.

Klaus Sczyrba

Lebensnahe Diktate

mit zahlreichen Übungsmöglichkeiten für das **5. bis 10. Schuljahr**

2. Auflage - 432 Seiten + Lösungsheft

Bestell-Nr. 0612-2

Auch dieses Übungsbuch soll den Kindern vom 5. bis 10. Schuljahr helfen, ihre Rechtschreibleistungen zu verbessern.
Die hier angebotenen 250 Diktate sind in Ausmaß und Schwierigkeitsgrad dem Alter entsprechend ausgewählt worden. Jedem Diktat ist eine Reihe Übungsmöglichkeiten beigefügt, ebenso wurde der entsprechende Wortschatz eingebracht.
Tabellen der Rechtschreibschwierigkeiten in den einzelnen Schuljahren runden diese Übungsbuch ab.

Klaus Sczyrba

Lebensnahe Grammatik für die Grundschule

für das 2. bis 4. Schuljahr

140 Seiten

Bestell-Nr. 0673-4

Die alltäglichen Begebenheiten zweier Kinder sind lebendige Einstiege in alle Bereiche der Grundschulgrammatik. In übersichtlicher Weise werden alle notwendigen Kenntnisse zur Beherrschung unserer Sprache kindgemäß vermittelt, die in den angegliederten Übungen angewandt werden können. So ist dieses Büchlein sehr hilfreich für den Unterricht in der Schule und die häusliche Einzelarbeit.

Klaus Sczyrba

Lebensnahe Sprachlehre in der Grundschule

50 Unterrichtsentwürfe für die Einführung aller wesentlichen Gebiete.

112 Seiten, Illustrationen

Bestell-Nr. 0615-7

Neubearbeitete 2. Auflage

Diese Unterrichtsentwürfe haben sich als eine vielbegehrte Hilfe erwiesen und ermöglichen, daß der sonst so trockene Stoff der Sprachlehre lebensnah, auf lustbetonte Weise eingeführt wird.
Jeder Entwurf ist eine Unterrichtseinheit, die sich über einen längeren Zeitraum erstreckt.

Klaus Sczyrba

Lebensnahe Grammatik für die Sekundarstufe I

5.-10 Klasse
Mit 100 Übungen + Lösungsheft

128 Seiten

Bestell-Nr. 0474-X

Wesentliche Ursache für die Fehlerhäufigkeit in der Rechtschreibung ist in der mangelnden grammatischen Erkenntnis zu suchen.
Das Buch will hier Abhilfe schaffen. In übersichtlicher Anordnung bietet es in den für das Leben wichtigen Bereichen der Grammatik viele Beispiele und Übungsmöglichkeiten.

Klaus Sczyrba

Rechtschreib-Olympiade

Übungen mit Lösungen für die 5.-7. Klasse

136 Seiten + Lösungsheft

Bestell-Nr. 0475-8

Unser Erfolgautor Klaus Sczyrba bringt mit diesem Band ein lebensnahes Rechtschreibbuch auf den Markt, welches durch seinen Wettbewerbcharakter sicher viele Übende ansprechen wird.
Kurze Übungstexte zu den Schwierigkeiten der deutschen Sprache werden allen Benutzern Hilfe geben und einprägsam zukünftige Fehler vermeiden helfen.

Englisch

Peter Luther/Jürgen Meyer

Englische Diktatstoffe

Unter- und Mittelstufe Sekundarstufe I)

64 Seiten

Bestell.-Nr. 0647-5

Beginnend mit einfachsten Texten und Erklärungen wird hier der Benutzer der Bücher mit der englischen Grammatik, Wortlehre und Rechtschreibung vertraut gemacht. Die Texte geben Hinweise auf die Vorbereitung zur Nacherzählung und sind gestaffelt nach Schwierigkeiten und Themengruppen. Worterklärungen und Übungen zur Selbstkontrolle runden den Band ab.

Jürgen Meyer/Gisela Schulz

Englische Synonyme als Fehlerquellen

Übungssätze mit Lösungen

116 Seiten

Bestell.-Nr. 0596-7

Dieses Übungsbuch will helfen, die im Bereich der Synonyme immer wieder auftretenden Fehler zu vermeiden. Die Aufstellung ruht auf Beobachtungen, die die Verfasser im Unterricht gemacht haben und erhebt keinen Anspruch auf Vollständigkeit. Dier Übungssätze wurden so formuliert, daß die wichtigen Bedeutungsnuancen so klar wie möglich hervortreten. Die zur Kontrolle beigefügten Lösungen geben an, ob und wo Fehler gemacht worden sind.

Jürgen Meyer

Deutsch-englische/ englisch-deutsche Übersetzungsübungen

9.–13. Klasse

2. Auflage - 104 Seiten

Bestell.-Nr. 0594-0

Texte für Fortgeschrittene, die ihre Kenntnisse in Wortanwendung und Grammatik erweitern und überprüfen wollen.
Zu den zeitgemäßen deutschen Texten wurden die Vokabeln und deren Anwendungsmöglichkeiten gegeben und erklärt.
Am Schluß des Bandes die englischen Texte zur Kontrolle.
Breit einsetzbar in den Sekundarstufen, Grund- und Leistungskursen.

Jürgen Meyer/Ulrich Stau

Englisch 5./6. Klasse

Übungen mit Lösungen

128 Seiten - Viele Zeichnungen

Bestell.-Nr. 0687-4

Der gesammte Stoff Englisch der 5. und 6. Klasse wird in diesem Nachhilfebuch wiederholt. Die Benutzer können anhand von Übungen ihr Wissen testen und im Lösungsteil nachschlagen.

Der Stoff wurde den einschlägigen Lehrwerken an den Schulen der verschiedenen Bundesländer angeglichen um eine Benutzung nicht von den verschiedenen Kriterien der Bundesländer abhängig zu machen.

Den Schülerinnen und Schülern wird hier echte 'Lernhilfe' geboten!

Jürgen Meyer

Übungstexte zur englischen Grammatik

9. – 13. Klasse

2. Auflage - 96 Seiten

Bestell.-Nr. 0567-3

Der Band enthält Übungsmaterial zu aktuellen Fragen, u.a. Sachtexte zu Personen, wissenschaftliche Entdekkungen und zeitgeschichtlichen Ereignissen, die über das heutige Großbritannien und die USA informieren. Die Texte sind mit ausführlichen Hinweisen zu den Vokabeln sowie Übungen zur Syntax und zum Wortschatz versehen. Diskusssionsvorschläge und ein sorgfältig aufbereiteter Schlüssel bieten zusätzliche Unterrichtshilfen. Das Buch ist sowohl für Gruppenarbeit als auch für das Selbststudium geeignet.

Edgar Neis

Übungen zur englischen Herübersetzung

108 Seiten

Bestell-Nr. 0542-8

Das Übungsbuch richtet sich an den Schüler, der ohne Hilfe eines anderen selbständig die Fertigkeit des Übersetzens aus dem Englischen erlernen will. 38 Texte aus Literatur und Sachschrifttum, jeweils mit Vokabelangaben versehen, kann der Übende ins Deutsche übertragen und anhand des Lösungsteils auf seine Richtigkeit hin überprüfen.
Die Texte eignen sich im Unterrichtsgebrauch als Übungen zur Nacherzählung und Grammatik.

Edgar Neis

Wie schreibe ich gute englische Nacherzählungen?

6. Auflage - 84 Seiten

Bestell-Nr. 0526-6

Langjährige, im gymnasialen Englischunterricht auf der Mittel- und Oberstufe, sowie bei zahlreichen Abiturprüfungen gewonnene Erfahrungen haben zur Herausgabe dieses Buches geführt. Texterfassung und -darstellung, Wortschatzerweiterung, Regeln der Stillehre, Erzählstil, idiomatische Redewendungen, Homophone, unregelmäßige Verben, Comment u.v.a.
Musterbeispiele als Vorlagen für Lernende.

Französich

Klaus Bahners

Französischunterricht in der Sekundarstufe II

(Kollegstufe)

Texte - Analysen - Methoden

104 Seiten

Bestell-Nr. 0565-7

Dieses Buch wendet sich an alle, die jetzt oder künftig auf der neugestalteten Oberstufe (Sekundarstufe II) Französischunterricht erteilen; vor allem an jüngere Kollegen und Referendare, aber auch an Studenten, die sich auf den Übergang vom wissenschaftlichen Studium zur pädagogischen Umsetzung vorbereiten wollen.

Paul Kämpchen

Französische Texte zur Vorbereitung auf die Reifeprüfung

80 Seiten

Bestell-Nr. 0522-3

Übungen für Grammatik, des Stils und eine der Prüfungsarten - die Nacherzählung - sollen hier dem Anwärter zur Prüfung nahegebracht werden. Kurze und lange Nacherzählungstexte mit Worterklärungen stehen hier als Übungstexte zur Verfügung.
Der Schüler oder Student kann anhand dieser Kurzgeschichten seine sprachliche Beweglichkeit unter Beweis stellen. Kleine und leichte Stücke, die sich nur für Anfänger und wenig Fortgeschrittene eignen, wurden weggelassen.

Alfred Möslein/
Monique Sickermann-Bernard

Textes d'étude

64 Seiten

Bestell-Nr. 0523-1

25 erzählende Texte aus der neueren französischen Literatur als Vorlagen für Nacherzählungen und Textaufgaben.
Durch unterschiedliche Längen und Schwierigkeitsgrade, sowie durch breitgefächerte Thematik eignen sich diese Texte als Lektüre und Ausgangspunkt für Diskussionen im Unterricht. In den "Suggestions" findet man einige Anregungen für Übungen, die sich an die reine Textbehandlung anschließen können. Die Worterklärungen sollen das Verständnis der Texte erleichtern.

Werner Reinhard

Französische Diktatstoffe Unter- und Mittelstufe

1./2. Unterrichtsjahr, sowie 3./4. Unterrichtsjahr

3. Auflage - 96 Seiten

Bestell-Nr. 0532-0

Die nach dem Schwierigkeitsgrad geordneten Texte sind überwiegend Erzählungen und Berichte von Begebenheiten des täglichen Lebens, wobei unbekannte Vokabeln beigegeben sind. Mit den Texten lernt der Schüler die gehobene Umgangssprache, d.h. Vokabular und Wendungen, die er später für eigene Textproduktionen verwenden kann. Den Texten vorangestellt sind Bemerkungen zur Rechtschreibung, die nützliche Rechtschreibregeln enthalten.

Werner Reinhard

Übungstexte zur französischen Grammatik

9. - 13. Klasse

2. Auflage - 128 Seiten

Bestell-Nr. 0543-6

"Übungstexte zur französischen Grammatik" wendet sich an Lernende, die bereits einige grammatische Kenntnisse haben, sie jedoch festigen und vertiefen wollen. Es eignet sich aufgrund umfangreicher Vokabelangaben, sowie des ausführlichen Lösungsteils, zum Selbststudium und vermag bei Schülern ab Klasse 9 Nachhilfeunterricht zu ersetzen.
Die textbezogenen Aufgaben berücksichtigen insgesamt die wichtigsten grammatischen Gebiete, ein Register ermöglicht auch systematisches Vorgehen.

Werner Reinhard

Übungen zur französischen Herübersetzung

96 Seiten

Bestell-Nr. 0537-1

40 franz. Texte aus Literatur und Sachschrifttum, jeweils mit Vokabelangaben versehen, kann der Lernende ins Deutsche übertragen und anschließend, anhand des Lösungsteiles, seine Fassungen auf ihre Richtigkeit hin überprüfen. Dem Verfasser kam es bei den deutschen Übersetzungen nicht auf prägnanten Stil an, es ging ihm vielmehr um die inhaltlich richtige und vom Schüler nachvollziehbare Übersetzung. So enthalten die Herübersetzungen jeweils auch Anmerkungen mit wörtlichen Entsprechungen, Varianten und Hinweisen zur Grammatik. Breit einsetzbar in den Sekundarstufen.

Christine und Gert Sautermeister

Der sichere Weg zur guten französischen Nacherzählung

-Zur Methodik des Hörens und Schreibens im Französischunterricht-

118 Seiten

Bestell-Nr. 0534-7

Der erste Teil des Buches will auf die Bedingungen richtigen Hörens aufmerksam machen und Wege zum besseren Hören skizzieren. Der zweite Teil gibt Anregungen, die Grundrisse des Textes, der Gelenkstellen, Höhepunkte, Pointen nochmals zu vergegenwärtigen. Spezifische Formulierungsprobleme der Nacherzählung entfaltet der dritte Teil.

Werner Reinhard

Kurze moderne Übungstexte zur französischen Präposition

120 Seiten

Bestell-Nr. 0568-1

In einem lexikalischen Teil gibt das Übungsbuch zunächst einen Überblick über die Anwendung der wichtigsten Präpositionen. Auch die Präpositonen als Bindeglied zwischen Verb und Objekt bzw. Infinitiv (vor allem à und de) wird berücksichtigt. Listen erleichtern dabei systematisches Lernen.
Im anschließenden Übungsteil kann der Benutzer seine Kenntnisse überprüfen. Vorherrschende Methode ist die Einsatzübung. Mit dem Lösungsteil eignet sich das Buch gut zum Selbststudium. Einsetzbar für den Unterricht in den Sekundarstufen.

Gemeinschafts-kunde

Peter Beyersdorf

Die Bundesrepublik Deutschland

Arbeitsheft zur Sozial- und Gesellschaftskunde

Band 1:
Strukturen und Institutionen
mit Text des Grundgesetzes
124 Seiten
Bestell-Nr. 0507-X

Band 2:
Parteien und Verbände
84 Seiten
Bestell-Nr. 0508-8

Band 3:
Außenpolitische Entwicklung
72 Seiten
Bestell-Nr. 0509-6

Diese Reihe wurde vor allem für den Bereich der politischen Pädagogik geplant: für Lehrer und Schüler also in erster Linie. Das gilt für Gymnasien und höhere Schulen insgesamt, für Berufsschulen und nicht zuletzt für den großen Bereich der Erwachsenenbildung in den Volkshochschulen.
Jedes Heft enthält neben dem Textteil einen Dokumentenanhang und ein Literaturverzeichnis, darin wird auf spezielle, einzelne Themen vertiefende Bücher hingewiesen.
Mit Hilfe dieser "Arbeitshefte" wird es dem Benutzer möglich, die grundsätzlichen politischen Zusammenhänge unseres Gemeinwesens und die Struktur der internationalen Politik zu erkennen. Dazu werden nicht nur Daten und Fakten geboten, sondern zugleich auch deren Erklärung und Interpretation. Stand 1970!

Latein

Reinhold Anton

Die Stammformen und Bedeutungen der lateinischen unregelmäßigen Verben

Anleitung zur Konjugation von etwa 1600 einfachen und zusammengesetzten unregelmäßigen Verben.

5. verbess. Auflage - 40 Seiten

Bestell-Nr. 0500-2

Oswald Woyte

Latein-Gerüst

Der gesamte Stoff bis zur Sekundarstufe II (Kollegstufe) in übersichtlicher Anordnung und leichtverständlicher Darstellung mit Übungstexten, Übungsaufgaben und Schlüssel.

Teil 1: **Formenlehre**
116 Seiten
Bestell-Nr. 0552-5

Teil 2: **Übungsaufgaben und Schlüssel zur Formenlehre**
144 Seiten
Bestell-Nr. 0553-3

Teil 3: **Satzlehre**
104 Seiten
Bestell-Nr. 0554-1

Teil 3: **Übungsaufgaben und Schlüssel zur Satzlehre**
72 Seiten
Bestell-Nr. 0555-X

jeweils 2. Auflage

Die vier Bände ersparen den Lernenden die Nachhilfestunden und bieten ein unentbehrliches Übungs- und Nachschlagewerk bis zur Reifeprüfung.
Der Autor hat aus seiner Praxis als Oberstudiendirektor die Schwierigkeiten der lateinischen Sprache für den häuslichen Übungsbereich aufbereitet und leicht faßbar erläutert. Lernanweisungen sollen das Einprägen erleichtern.

Friedrich Nikol

Latein 1

Übungen mit Lösungen für das erste Lateinjahr in zwei Bänden.

Band 1/**Erstes Halbjahr**
mit Lösungsteil
Bestell-Nr. 0634-3

Band 2/**Zweites Halbjahr**
mit Lösungsteil
Bestell-Nr. 0635-1

In beiden Teilbänden wird der gesamte Stoff des ersten Lateinjahres behandelt.

Latein 2

(2. Lateinjahr)

Bestell-Nr. 0638-6

Der lateinische Wortschatz ist in den Büchern genau angegeben und den verschiedenen lateinischen Unterrichtswerken angepaßt, die in den einzelnen Bundesländern zugelassen und eingeführt sind.
Bei gründlicher häuslicher Nachhilfe mit den Büchern wird der Übende immer mehr Freude an Latein bekommen und bald wird sich auch der Erfolg bei den Leistungen in der Schule zeigen.

Suchen Sie wortgetreue Übersetzungen und Präparationen zu Ihren Schullektüren römischer und griechischer Klassiker?
Sie finden in der **„Kleinen Übersetzungsbibliothek"** in 500 Bänden im Kleinformat wörtliche deutsche Übersetzungen.
Fordern Sie das ausführliche Verzeichnis an.

Mathematik

Bernd Hofmann

Algebra 1

Mathematikhilfe für die 7./8. Jahrgangsstufe weiterführender Schulen

216 Seiten

Bestell-Nr. 0580-0

Friedrich Nikol
Lothar Deutschmann

Algebra 2

Übungs- und Wiederholungsbuch für die 9. und 10. Jahrgangstufe

168 Seiten - Viele Abbildungen

Bestell-Nr. 0645-9

Helmut Kürzdörfer

Geometrie 1

Mathematikhilfe für die 7./8. Jahrgangsstufe weiterführender Schulen

232 Seiten

Bestell-Nr. 0581-9

Diese Bücher sind im wesentlichen auf den Lehrstoff des 7. bis 10. Schuljahres abgestimmt. **Sie gliedern sich in Kontroll-, Übungs- und Lösungsteil.** Ausgerichtet sind sie als unterrichtsbegleitende Werke auf Schüler und die ihnen hilfreich zur Seite stehenden Eltern.
Nützlich sind sie aber auch wegen des großen und vielseitigen Angebots an Übungsaufgaben (mit vollständigen Lösungswegen) **für Lehrer.** Von ähnlichen Unterrichtshilfen heben sie sich durch die kurze, übersichtliche und verständliche Darstellung sowie durch gute Überprüfbarkeit der Kenntnisse ab. (Besprechung der Bibliothekszentrale, Reutlingen).

Lothar Deutschmann

Mathematik

Wegweiser zur Abschlußprüfung
Mathematik I, II und III an Realschulen

Anhang: Reifeprüfungsaufgaben mit Lösungen 1980/1981/1982/1983

168 Seiten + 121 Abb.

Bestell-Nr. 0644-0

Ein erfahrener Pädagoge erteilt Nachhilfeunterricht in Mathematik.

In anschaulicher Weise werden den Benutzern Aufgaben aus der Mathematik an Realschulen vorgeführt, erklärt und mit Lösungsweg und Lösungen beschrieben.

Ruth Kirchmann

Zielscheibe Mathematik

Wenn Schüler vor Mathematik zurückschrecken, liegt es häufig an den Lücken, die irgendwann entstanden sind und das Verständnis des ganzen folgenden Unterrichtsstoffes blockieren.
In diesen Nachhilfebüchern, die auch zum Nachlernen für zu Hause geeignet sind, finden sich Schüler schnell zurecht.

Dezimalzahlen

78 Seiten - viele Abbildungen
+ 8 Seiten Lösungsheft

Bestell-Nr. 0671-8

Johannes Lorenz

Mathematik-Gerüst – Unterbau

6. Auflage - 84 Seiten

Bestell-Nr. 0558-4

Sammlung von Formeln und Sätzen mit zahlreichen Musteraufgaben und vielen Figuren.

Inhalt: Zahlenrechnen - Algebra - Gleichungen - Logarithmen - Geometrie - Stereometrie - Trigonometrie.
Dieser Band richtet sich an den Lernenden, der in kurzer Form seine Kenntnisse wieder auffrischen möchte und anhand von Musteraufgaben Lösungswege rekonstruieren will.

Bis Sekundarstufe I.

Georg Ulrich/Paul Hofmann

Geometrie zum Selbstunterricht

Ein vollständiger Lehrgang der Geometrie zum Selbstunterricht und zur Wiederholung und Nachhilfe. Von der elementaren Geometrie über die Differential- und Integralrechnung bis zur Integralgleichung bieten die Bände den gesamten Stoff der Oberschulen bis zur Sekundarstufe II.
Übungsaufgaben mit Lösungen erleichtern die Verfolgung des Rechenweges und deren Einprägung und Verstehen.

1. Teil:

Planimetrie
172 Seiten
Bestell-Nr. 0576-2

2. Teil:

Trigonometrie
136 Seiten
Bestell-Nr. 0540-1

3. Teil:

Stereometrie
148 Seiten
Bestell-Nr. 0577-0

4. Teil:

Analytische Geometrie
232 Seiten
Bestell-Nr. 0536-3

Philosophie

Robert Hippe

Philosophie-Gerüst

Teil 1 -96 Seiten

Bestell-Nr. 560-6

Der erste Band des Philosophie-Gerüsts will an die Geschichte der abendländischen Philosophie heranführen, dem Leser einen Überblick über die Jahrhunderte philosophischen Denkens geben.
Aus dem Inhalt: Was ist Philosophie? Die griechische Philosophie - Die hellenistisch-römische Philosophie - Die Philosophie des Christentums - Die Philosophie des Mittelalters, im Zeitalter der Renaissance und des Barock - Die Philosophie von der Aufklärung bis zu Hegel - Die Philosophie der Gegenwart.
Anhang - Bibliographie u.a.

Teil 2 - 80 Seiten

Bestell-Nr. 561-4

Im zweiten Band werden die Disziplinen der reinen und angewandten Philosophie behandelt und dem Benutzer ein Überblick über den gewaltigen Umfang des Bereichs der Philosophie gegeben.
Aus dem Inhalt: **Die Disziplinen der reinen Philosophie:** Logik und Dialektik - Psychologie - Erkenntnistheorie - Ontologie und Metaphysik - Ethik - Ästhetik.
Die Disziplinen der angewandten Philosophie: Naturphilosophie und Philosophie der Mathematik - Geschichtsphilosophie - Rechts- und Religionsphilosophie - Philosophische Anthropologie und Existenzphilosophie - Sprachphilosophie.
Philosophie und Weltanschauung
Bibliographischer Anhang u.a.

Physik

Robert Gehr

Einführung in die Atomphysik

Vorbereitunghilfen für das Physik-Abitur an mathematisch-naturwissenschaftlichen Gymnasien.

152 Seiten,

Bestell-Nr. 0511-8

Inhalt: Das Atommodell der kinetischen Gastheorie - Die atomistische Struktur der Elektrizität - Energiequanten und Korpuskeln - Atommodelle - Kernphysik - Nachweismethoden für Strahlungen.
Das Ziel des Buches ist, den Physik-Stoff der Abschlußklassen im Hinblick auf die Reifeprüfung umfassend und gründlich darzustellen, andererseits aber auch - gemäß dem Bildungsauftrag einer höheren Schule - in das (physikalische) Weltbild der Gegenwart einzuführen.

Thomas Neubert

Physikalische Miniformelsammlung

8. - 10 Klasse
32 Seiten
Bestell-Nr. 0683-1
Für den Schulunterricht und für häusliches Arbeiten ein wichtiges Hilfsmittel - echte Lernhilfe!

Johannes Lorenz/Lothar Deutschmann

Physik-Gerüst

-Sekundarstufe 1-

6. erweiterte Auflage
240 Seiten

Bestell-Nr. 0617-3

Die Grundlagen der Physik in übersichtlicher und leicht faßlicher Darstellung.

Inhalt: Meßkunde - Allgemeine Eigenschaften der Körper - Mechanik fester Körper - Mechanik der Flüssigkeiten - Mechanik der Gase - Lehre vom Schall - Wärmelehre - Magnetismus - Elektrizität - Geometrische Optik - Wellenoptik u.a.

Thomas Neubert

Physik 11. Klasse

Nachhilfebuch mit Lösungen
104 Seiten

Bestell-Nr. 0684-X

Dieses Buch basiert auf den neuesten Lehrplänen **Physik 11. Klasse** der Bundesländer.
Jeder behandelte Abschnitt ist in einen Grundlagenteil und einen Aufgabenteil mit vollständigen Lösungen aufgeteilt.
Dieser Band knüpft lückenlos an dem im **Physik-Gerüst Sekundarstufe I** behandelten Stoff an.

Friedrich Nikol

Physik I

Fragen mit Antworten aus dem Lehrstoff der Sekundarstufe I mit Prüfungsfragen und Lösungen.

100 Seiten

Bestell.-Nr. 0639-4

Dieses Buch soll eine Lücke füllen auf dem Gebiet der Physikvorbereitung. Häufig auftauchende Fragen aus Mechanik, Wärmelehre, Optik, Magnetismus, Elektrizität im Physikunterricht werden leicht verständlich beantwortet.
Ein Band zur Vorbereitung auf Abschlußprüfungen!

C. Bange Verlag · D-8607 Hollfeld/Ofr.

☎ 0 92 74 - 0 72